ブックレット
近代文化研究叢書
19

はじめまして、助動詞

はてしなく深くて不確かな古典文法の世界

須永　哲矢

みんなーっ
あつまれー

コ

目次

はじめに

学校で学ばされた古典文法。特にその要点とされる助動詞。無味乾燥で、意地の悪いひっかけ問題に使われ、読めるはずの文をかえって読めなくしているような、つまらないやつ。教科書に載っている物語が、多様な表情を見せるのに対し、文法は冷たくて、どこまでいっても無表情なまま。そんな文法に表情が見えたのは、大学に入ってからだった。

高校までに覚えさせられたのは、文法について考えるための前提に過ぎず、そこから考えることはいくらでも広がる。文法とは、覚えるものではなく、考えて、自分でつくり出すものであり、学校で暗記させられたあの活用表も、誰かが考えた結果であった。そして別の誰かには、別の考えがあり、意外にも、そもそもわかっていないことがいくらでもある。無機的な表に閉じ込められていた助動詞が、活用形が、未知の生き物のように見えてくる。あれ？　面白いぞ、この世界…。気づけば大学で、古典語の文法を教えるようになっていた。

講義で意識しているのは、知識や方法ではなく、面白さを伝えること。なんなら面白いと思ってもらえなくても構わない。でも、こんなものを面白いと思う人間もいるらしい、程度のことは思ってほしい。そんな思いで日々、文法の話をしている。学校教育で文法がつまらないのは、そもそも教える側が面白いと思っていないことによる面が大きいと思っている。物語を読むのとは違い、文法は答えが決まっていて、間違いがあってはいけない。だから表を覚えこませるしかないし、味わったり考えたりする余地もない。だが、それは誤解である。

本書が目指しているのは、高校教育で学んだ古典文法を発展させ、より正確に、詳しく学ぶことではない。より良い教授法を示そうというものでもない。古典語を素材として、言語というものを考えることの面白さ。こんなものを面白いと思っている人たちは、何を見つめ、何を考えているのか。それを示すだけである。教育に携わる人たち、教職志望の学生たちにとって、対象の面白さ、あるいは不思議さ・深さ（それが嗜好に合えば面白さにつながる）を身をもって感じること以上に大切なことはない。教える立場で伝えるべきことは「私には正確な知識があり、私には解けます」ということではあるまいから。

このようなマニアックな課題設定の本書であるが、高校古文で教える文法の内容をベースに、議論を深めていく形をとった。直接学生に対して教授されるべき内容ではないものの、教育にあたる人たちの古典語へのより深い理解・興味につながるよう企図したものである。あるいは教育者でなくても、学校であれ、塾であれ、妹や弟に対してであれ、古典語の文法を楽しく語る小ネタが一つでも増えたら…。そんな軽い気持ちで読んでいただければと思う。

本書は、ＰａｒｔⅠ、ＰａｒｔⅡの二部構成を取る。ＰａｒｔⅠは助動詞・活用形を中心とした古典文法の概説、ＰａｒｔⅡは古典文法を素材として何ができるかというちょっとした実践例である。両部でテイストは大きく異なるものになっているが、その根底には私自身の古典語教育に対する関心が共通に横たわっている。再三述べたとおり、「古典文法の面白さを伝えたい」である。

ＰａｒｔⅠは、普段講義で話している古典文法の体系（の一部）を、現時点においてまとめることを試みた。暗記するだけに見えていた文法に、どれだけ考えるべきことがあるか。そして知らなかった深みを知るたび、正確で答えが決まっているかに見えた世界が揺らぎ、考えるほどわからなくなっていくことだろう。本書は提起した問いすべてに説明を与えるものではなく、私自身も解答を持ち合わせているとは限らない。しかし、そのような不完全さを承知のうえで、それでも不揃いで不確かな形で、今の私に見える限りの古典文法を語った。100%の「正しさ」の外側に広がる不確かな領域の中にこそ、文法の面白さがあるから。そして考えれば考えるほどわからなくなっていく、その深みをさまよう経験こそが、文法を考える面白さだと思うから。古典文法の、深淵へ。

ＰａｒｔⅡは、教育という観点からは、ちょっとした実践報告にあたる。すでに表紙や口絵にも登場しているキャラクターたち。彼女（彼）たちは、ＰａｒｔⅠで語る世界観のもと擬人化された、助動詞（および活用形）である。学生とのプロジェクト活動で、助動詞を擬人化した成果（遊び）をまとめたものである。こちらはイラスト集のような体裁になっているが、暗記することをゴールとしがちな助動詞をスタート地点に置いて、何か新しいことができないかと、試行錯誤した結果である。学校で学んだ文法が、誰かが考えた、数ある可能性の中の一つであったように、文法の解釈、受け止めは無限にあってよいし、「教育」「研究」という真面目なジャンルに収まらなくたっていい。文法の可能性と面白さの一例として、紹介することにする。学び、考えた古典文法の、彼方へ。

活用表という平面にきれいに収まり、規則・法則として均質化された助動詞は、整った顔立ちで無表情である。だが、人間が長い時間をかけて自らの分身のようにつくり出した言葉が、そんな風に無機質なはずはない。ひとたび活用表の下に広がる深みを覗けば、均質で平面的だった世界は果てしなく深く、不確かになり、言葉が脈動する。本書を構成する二部それぞれを通して、助動詞という文法形式一つ一つの表情を感じていただけたら幸いである。

高校で助動詞に散々いじめられた記憶がある人も、ほとんど覚えられなかった人も、「覚えて、できなければいけないこと」という呪縛から離れ、「ねえねえ知ってる？　ティラノサウルスってね…」というちょっとした話を聞くような気持ちで、助動詞の話に、お付き合いいただきたい。

はじめまして、助動詞。

序説

嫌われる暗記ネタとしての古典助動詞

古典文法教育において、中心事項の一つがいわゆる助動詞である。「つ」「ぬ」「たり」「り」といった、多様な助動詞の意味とそれ自身の活用、さらに、それらが接続する活用形を暗記する。たとえば「つ」の意味は「完了」であり、連用形に接続する。自身は「て・て・つ・つる・つれ・てよ」と活用する。一般的な高校レベルでは20種強の助動詞について、これらの情報を暗記していく。そのような作業は、他にもしなければならないことが山積みの高校生にとっては負荷が大きく、興味を引きにくい。むしろ、古典学習に躓き、古典嫌いを生むことを助長するなどとして、古典文学を教える教員側からも敵視されることしばしばである。

ここで筆者の、助動詞学習に関する立場を明確にしておきたい。筆者自身は、学習における暗記そのものを否定するものではない。より深くその世界を知るためには、前提として必要な知識が定着していないことには話にならない。筆者自身の主たる指導環境である大学においては、古典語を研究するのであれば、高校レベルでの文法知識が前提となり、それをもとに、専門の世界の面白さを知っていくことになる。前提としての知識がなければ、その世界の面白さを知ることはできない。言語が通じなければ話を理解できないのと同じである。と同時に、指導の現場において「なぜこれはこうなのか」という問いに、「これは覚えるしかないからとにかく覚えて」と答えるのは、教育としての敗北宣言だとも思っている。最初からすべてを説明する必要はなく、学習者にとってまずは運用できればいいのであれば暗記してもらうことを目指すが、なぜそうなのか、それがどういう構造をなしているのかという実態の理解、仮にその実態が完全には把握しきれていなくとも、教える側はただ「私はちゃんと覚えています」というだけにとどまらず、「なぜ」と聞かれたら答えられるだけの用意がなければならない。古典学習において、助動詞の暗記が面白くないことの一端には、教える側自身が、暗記以上の体系性を持ち得ていない点が挙げられそうである。「つ」という助動詞はなぜ連用形に接続するのか。なぜ「完了」という意味を表すのか。さらに「完了」とされる助動詞には他にも「ぬ」や「たり」などがあるが、それらとはどう違うのか、違わないのか。違わないとしたら、なぜ複数の形式があるのか。そして、「完了」を表す論理と同時に、他の意味を表さない論理。たとえば、なぜ「推量」は表さないのか。これらはそれぞれ、高校での古典文法を基礎知識としたうえで、大学以降で研究する「日本語学」の課題となる。受験といった実利面とは別個に、その先にある専門分野へのつながりを意識して高校生にも文法指導ができるのが理想である。指導内容として新たに専門的な内容に踏み込めというのではない。ただ、教える側は、語ることはなくともその先までの見通し、体系理解を、持っているべきではないか。それによって、教える内容、身につけさせる事項は変わらなくとも、伝わり方は根本的に違うはずである。さりとて、「その先」を深めようとすればするほど、それが「研究課題」であることからも当然のこととして不明な点、意見の一致を見ない点は増え、専門性・正確性を追求するならば、「めったなことは言えない」という状態に陥る。それは大学で学び、研究するという姿勢においては大切であるにしても、実際に教える側に回って考えたときには、「程よい線をつく」ということが求められる。古典文法のうち、主に助動詞をめぐる分野において、単なる暗記に堕しない、「もう少しだけ詳しい、程よい専門知識」としてどのあたりを理解しておけばよいのか。そのために、どのような体系として、古典の助動詞を位置づけておけばよいのか。筆者なりのその「程よい線」を示そうとするのが、本書の目的のひとつであるとともに、筆者が、教職を目指す者たちと向き合って意識してきたことである。

吹替版ではなく字幕版―原語こその表現

古典読解においては（英語でも似たようなものだろうが）、文法が古文嫌いを助長している、文法などわからなくても感覚で内容は理解できる、というような形で、文法教育が敵視されることは多い。実際に大学の古典文学分野への勧誘にあたっては、「文法知識に自信がなくても、現代語訳もあるので大丈夫」といった言い方も見られる。現代語訳も、あらすじ要約も多種多様に出回っており、ネット検索で簡単に入手できる時代である。そのなかで、古典文法は必要なのか。筆者としては、古典を原典で読むということは、外国映画を字幕版で鑑賞するようなものだと考えている。

いったん、日本語と外国語の違いで考えてみたい。文学であれ映画であれ歌であれ、表現に言語が介在する以上は、持つ言語を異にする受容者に対しては翻訳が行われる。翻訳に携わる人々の努力と経験の蓄積により翻訳の精度は年々上がり、機械による自動翻訳であってもある程度実用に耐えうるものになりつつある。内容を理解することを目的とするならば、原文よりも翻訳版の方が当然理解しやすいが、翻訳版が成立したことをもって、原語版の需要が消滅するわけではない。その作品オリジナルの言語でなければ伝わらないもの、その言語であるからこそ成り立つ表現というものが存在し、愛好家はそれを味わおうとする。映画にしても、こだわりなく見るなら、吹替版の方が圧倒的に楽である。字幕版の場合、映像や音に加えて、字幕という文字情報にまで目を配らなければならないので気楽に見られない。しかし、映画好きなら、原作そのままの声、息遣いを味わいたいと思ったりする。おそらく、現代における古典文法は、このような「原語で味わうため」の手助けという位置づけになるのではないかと考えている。どんな話なのか、という理解をもとめるならば、現代語訳で事足りる。それが、「鑑賞」においては、できることなら原語で味わいたい、となる。

たとえば、教科書にもよく掲載される『源氏物語』「夕顔」の巻。

> かう申す者は、滝口なりければ、弓弦いとつきづきしくうち鳴らして「火危し」と言ふ言ふ、預りが曹司の方に去ぬなり。

六条御息所の生霊出現の場面として、複数の教科書にも取り上げられる箇所で、夜中、真っ暗闇の中、源氏の命を受けた男が、「火危し（火の用心）」と声を出しながら、源氏の元を離れ、命じられた場所（「預りが曹司」）へ移動し、遠ざかっていく、という場面である。

ここでの傍線部、助動詞「なり」は一般に「伝聞・推定」とされ、「ようだ・そうだ」で訳す、と指導される。しかし、詳しくは後述するが、この場面には、「去っていくようだ」と「推定」しなければならないような、「実際そうかどうかはわからないけれど」という不確かさは感じられない。より自然な訳として、「去っていくのが聞こえる」とされたりもするが、なぜそのように訳すのが自然になるのか。たとえばこの「去ぬなり」の意味するところ、あるいはその表現性を正しく読み解く、ということが原典で鑑賞することの意味であろう。

古典作品を読解すると一口に言っても、「読解」には複数のレベルが存在する。そもそもその文が何を言っているのか、内容を理解するレベルと、それがどのように表現されているかを通じて登場人物たちの心情や書き手の意図、情景の細やかな描き分けなどを読み取るレベルとでは、必要とされる言語能力は異なる。前者を目指す限りにおいては、すでに出回っている訳を参照すれば事足りるのであって、古典文法の知識を身につける必要はあるまい。一方で後者、これは「文学として味わう」ということになるが、このレベルにおいてはその言語の、その表現だからこそ伝わるものが存在し、古典文法の知識の深さ、あるいは理解度・立場によって解釈は変わっていく。そもそも古典文学の主要作品には現代語訳が出揃っている現代において、古典文法を学ぶ意味があるとしたらこちらの側面であろう。そしてそれはマニアックで趣味の領域ともいえるが、本当の意味での古典作品の読解は、簡単に現代語訳できないところにこそあるともいえる。現代語で書かれたものとは違う文学に触れる、それが古典文学を学ぶ意味であり、魅力である。そしてその文学をつむいでいる言葉の違い、その表現性の違いもまた、作品読解を難しくしている障壁、であると同時に本質的にはそれこそが、魅力でもある。

「訳せない」ことへの興味

では、助動詞に代表される高校の古典文法が、ただ暗記課題であって、教える側にとっても教わる側にとっても魅力から程遠いのはなぜか。それは助動詞を覚えた「その先」がないからではないか。訳と活用を暗記するところから始まる古典文法は、覚えた訳を実際の古文に適用できることを確認するところで終わる。つまり、古文を現代語に「訳せる」ことがゴールである。だからたとえば先に示した助動詞「なり」のような、現代語との違い、あるいは現代語への訳せなさにはむしろ蓋をしてしまって、その難しさが持つ魅力を感じさせるような機会が存在しない。

英語教育においては、英語の読み書き・会話ができるという実用面がまず目立つうえに、実用とは別の、世界への興味の一つ、すなわち「異言語」としての気づきも引きやすい。「water」を「水」と訳すにしてもそれが「湯」も含むこと、「brother/sister」を「兄弟・姉妹」と訳すにしても、そこに年齢による区別をしないこと、そのような差は言語を通しての世界の見え方の違いに気づかせてくれるし、実用とは別に、言語としての興味の入り口に立たせてくれる。学習者の多くが実用面において読み書きできるように言語を学びつつ、その中の一部の者が、興味・嗜好に合わせて言語そのものの面白さに触れる。対して古典語の場合、英語の場合以上に言語としての違いは意識されにくく、伝聞・推定の「なり」は「ようだ」、形容詞「あはれ」はとにかく「趣深い」と機械的に置き換えられることが一般的である。古典語の原文はあくまで日本語であり、現代日本語の感覚で読めてしまうため、言語としての違いに気づきにくい。その結果、言語的な興味を引きにくいものとなってしまっている。言語が異なれば、似たような単語でも、その意味が完全一致することはあり得ないが、こと古典語と現代日本語では、別言語であるという意識が持たれず、「違う」という可能性に対する意識が希薄である。古典語を現代語訳するというのは、「水」と「water」の対応のようなもので、大筋を理解するぶんには有効である。だが「その先」の差異、「訳せる」ことの確認ではなく「訳せない」こと、違うことに目を向けていくことが、言語としての興味を開くのではないか。それはもはや、学習効率や受験技術としての古典語知識とはかけ離れるものとなる。本書は、「その先」への興味に対し、古典語の活用形と助動詞の体系を示すことで、現代語とは「違う」言語を考える楽しみを伝えようとするものである。

体系への意識

既述のとおり、言語の学習において、暗記は否定されるべきものとは考えていない。むしろ基本・前提である。ただし暗記せねばならない項目の指導にあたっては、教える側はより深い知識を持っていることが理想であって、「教師もかつてとにかく覚えたから、とにかく覚えろ」という姿勢にとどまる限り、効果的な指導は望めない。基本的にひたすら暗唱を繰り返す形に終始している古典文法の暗記指導において、教師側に欠けているのは体系への意識である。この世界に存在する代表的な生き物を暗記せよ、と言われたとして、そこに体系があるのとないのとでは理解しやすさ、覚えやすさは大きく変わる。

イヌ　ネコ　マグロ　クジラ　ウシ　サメ　カラス
コウモリ　フクロウ

これらを「哺乳類」「鳥類」というような分類軸で図のように体系化すると、全体が見えやすくなる。

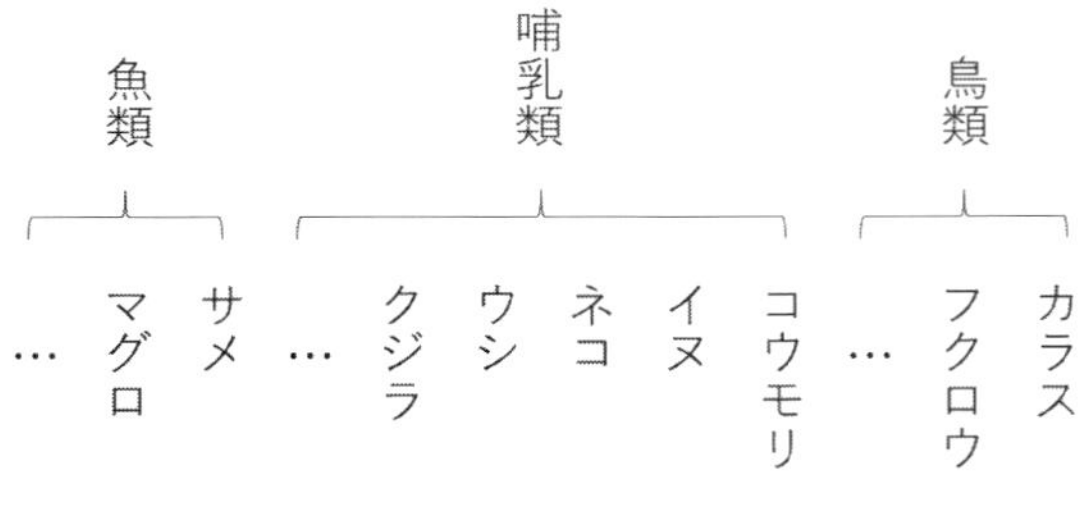

さらに「海を泳ぐ」「空を飛ぶ」「陸地を歩く」などの機能面で別角度から分類することもできる。

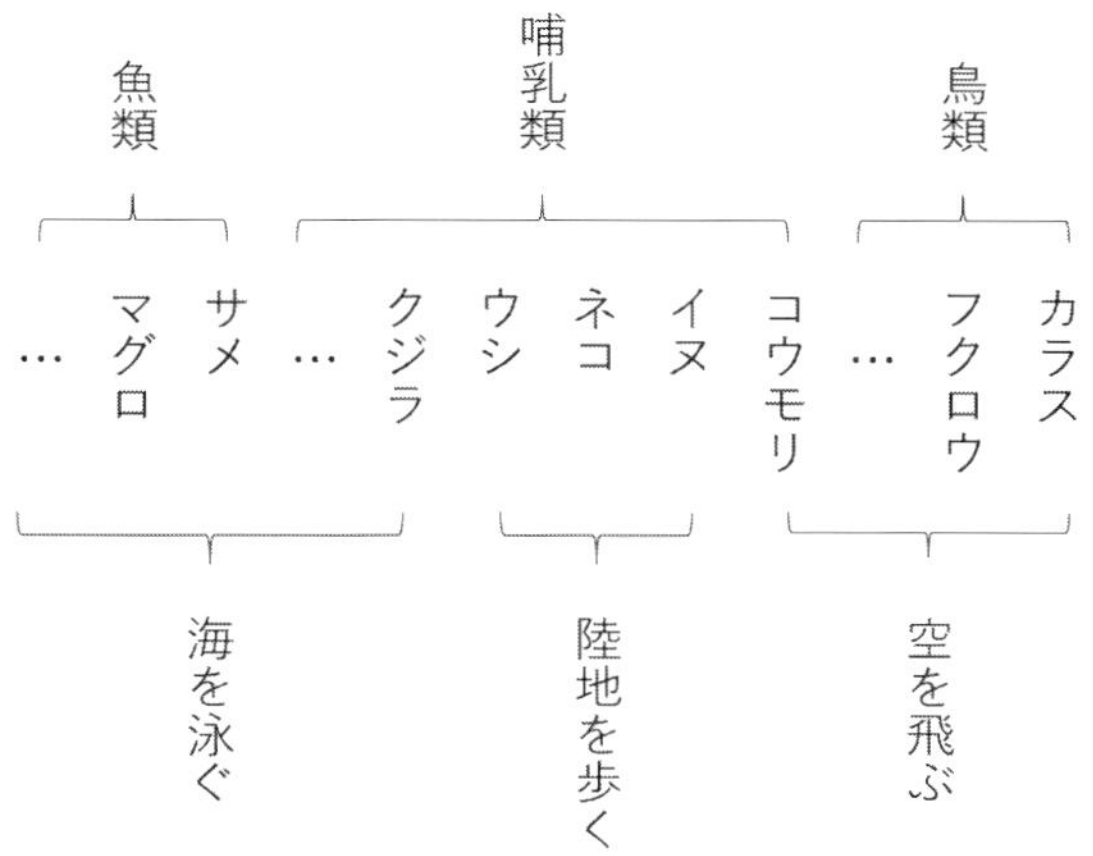

そしてこの機能面での分類は、鳥類・哺乳類という分類とある程度重なりつつも、ずれを生じる。そのずれを含みつつ、クジラはなぜ哺乳類と言えるのか、コウモリと鳥類の飛び方はどう違うのか、といったことが興味・研究課題となる。

古典語の助動詞も、同様にそれが接続する活用形と意味とに、ある程度の体系を描くことが可能である。

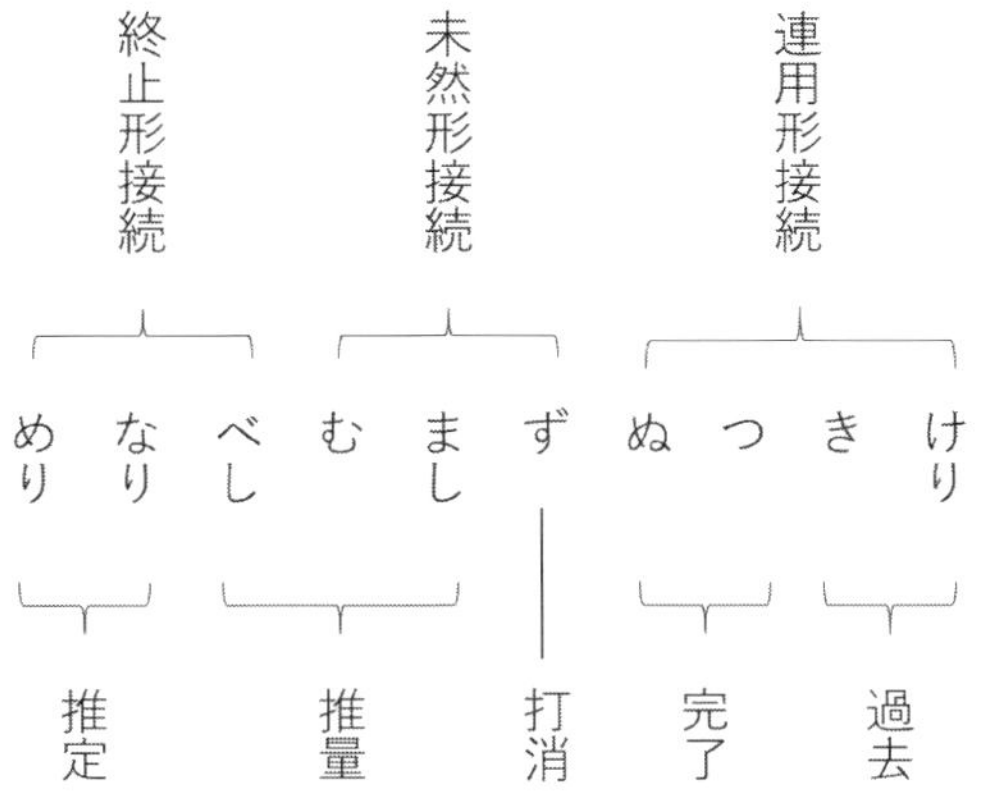

助動詞においては接続する活用形と意味を覚えるように指導されるし、教科書では活用表と併せて一覧が示されているのが常で、それをもって全体像・体系と言えないこともない。連用形接続の助動詞は過去や完了を表し、未然形接続の助動詞は打消や推量を表す…。しかしこのレベルは現象の集積に過ぎない。同じ推量でも終止形接続の推量と未然形接続の推量はどう違うのか、という問いは鳥の飛び方とコウモリの飛び方はどう違うのか、という問いと同じように立ちうるが、それらに対する答えは用意されていないことが多い。さらに、一般に飛ぶのが鳥類、泳ぐのが魚類、という現象からの名づけを越えて、鳥類とは何か、魚類とは何か、哺乳類とはどういうものか、という定義、もしくは定義に至らずともこれら類そのもののイメージが、動物の分類においては共有されるが、そのレベルにあたる未然形とは何か、連用形とは何か、という内実

のイメージはほとんど持たれることなく、接続形式の名前以上の理解はされようがない。哺乳類というもののイメージ、魚類というもののイメージがあればこそ、個別の体系も理解できるが、古典文法においては未然形、連用形といった活用形そのものに何らイメージがない。ここに古典語の文法体系の飲み込みにくさの根源がある。その本質を指導する必要はなく、最終的にはどのみち暗記指導するしかないとしても、教える側がそのイメージを持っているか否かで、その理解のしやすさは変わってこよう。

言えないこと

筆者は大学において古典文法を担当し、講義では活用形と助動詞のある程度の体系を示している。教職を目指す受講生も一定数存在し、高校生のうちに聞きたかった、自身が教える立場に回ったときに生かしたい、との声を毎回受けるが、質問されて困るのが「どこに書いてあるのか、どの本を読めばよいのか」である。授業内で説明している古典語の述語体系は、筆者の創意によるものではなく、かつて日本語学を学んだ特定の世代には共有されてきたものである。それは端的に言うなら、未然形、連用形といった活用形自身に固有の意味があり、助動詞はそれら活用形の意味をさらに詳しく、個別に実現するための体系である、というとらえ方である。このような見方そのものについての理念的な議論は存在するものの、その立場を明確に規定したうえで、各助動詞を網羅的に位置づけ、教科書的に説明したものとなると、存在しないと言わざるを得ない。

「研究」という観点からは、この立場・見通しに立ったうえで個別の助動詞を詳しく検討すること自体が大きな課題であり、見通しレベルですべての助動詞を語るなどといういい加減なことはできないのは当然である。一方で、「教育」という観点からは、この体系的な見通しに出会いにくいこと自体が、ある種の損失であると考える。

学生として大学にいると経験することだが、活字化されていることと、大学内で聞く話の間には差がある。活字化する前段階の話から、そもそも活字化できない話まで、そういった話が聞けるところに大学の講義を受ける意味があった。それぞれの分野で、活字化されていないが共有されている知識・世界観というものが存在する。古典文法における助動詞と活用形の意味も、その一つと言えよう。筆者が学生だった頃の個人的経験としては、当時の指導教官であった尾上圭介氏の授業、および当時の先輩方から聞いた、ということになるが、明確に活字化されているものはない。また、そのとき語られた体系も、自身の創意によるものではなく川端善明氏ほかの述語観が多分に流れ込んでいるとのことで、その川端氏の述語観は山田孝雄氏の著作を解釈したうえで成り立っている。そして彼らによる活字文献に、自分が授業で聞いたような話そのものは見当たらない。そのような述語観に立っていることは（その感覚を共有した者にとっては）明確にわかるのだが、それぞれが明確には書かれていないことを解釈しながら、なおかつ活字化はしないレベルで共有している。正面切って書けるような話ではないし、そもそもどこまでが誰の話で、どこに自分の解釈が入り込んでいるのかも判然としない、けれども大学で学ぶ文法の面白さの根源がここにある。そういった感覚を持たせてくれたのが、筆者にとっての活用形と助動詞であった。

その感覚を伝えるべく、また、対面口頭で語る気軽さから、自分自身も授業において、活字化されていない、活字化されえない助動詞体系の話をしてきた。研究書としては書くことのかなわない、出典・内容ともに不正確さを抱えた体系。それでも、経験から、教育にとっても有用であるという実感がある。個別の事象においては多少の正確さを欠くとしても、全体の体系として教育に資する形で、これまで共有されつつも一般には読み物として読む機会のなかった述語観を、本書を通して、研究書ではなく、雑な話を含む読み物としてまとめてみたい。

活用形をどういうものとしてとらえるか

動詞の活用形についての理解をめぐっては、活用形自体に意味を見出す立場と、そうでない立場が存在する。たとえば「走る」の未然形は「走ら」、連用形は「走り」であるが、日常においてはこの「走ら」と「走り」という形の違いは、後に続く語との都合、言ってしまえば音の問題に過ぎず、それらが表す意味は「走る」の辞書的意味（足を基本イメージとして、速く進むこと）と共通と考えられる。これが活用形に意味を見出さない立場である。これに対し、「走ら」と「走り」の間に、形の違いにとどまらない、意味の面での違いを見出そうとする立場が存在する。本書はこちらの立場をとる。

日本語に限らず、動詞の形態変化（日本語では活用と呼ばれる）がその語彙的意味を共通にしつつ、文法的意味を表し分ける現象は多く知られており、一般的なものである。正確さを捨てて簡単な例でいうなら、英語動詞の人称による変化、過去形、過去分詞、などがこれにあたると考えて差し支えない。これと同様、日本語の活用形も、各々が文法的意味を表し分けるものと考える。この考え方自体はさして特殊なものではなく、学校教育において活用形の概念を導入するにあたっては、意味の違いは議論されている。そもそも活用形の名称自体、「未然形」「連用形」…と名づけられているのは意味・機能面での名づけであって、「連用修飾をするための形が連用形、連体修飾をする形だから連体形」というように、各活用形の名称はその文法機能、広義での意味の違いによって規定されており、これは活用形が単なる音の問題ではなく、意味の違いを持つものであることを示唆している。

ただし学校教育においては、助動詞の接続にさしかかるとこの感覚が一変する。過去の助動詞「けり」を下接させるためには、上の動詞は連用形をとる（厳密にはここで問題にしたいのは、動詞・助動詞問わず、ある助動詞が接続した際の、上の語の活用形である。助動詞が相互に承接する場合も多々あるが、ここでは「動詞＋助動詞」という図式に簡略化し、「動詞の活用形」に代表させる）。

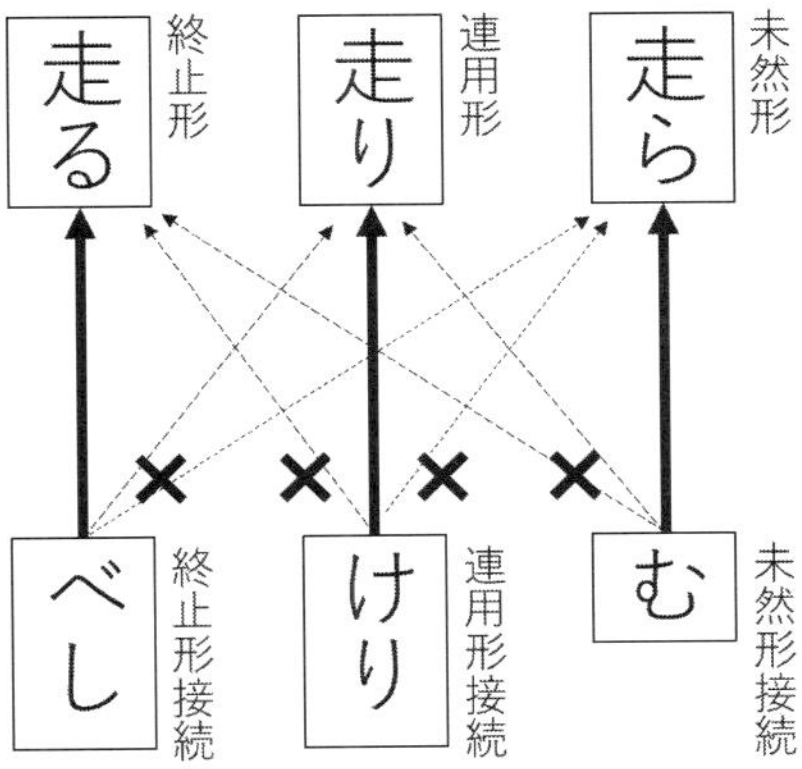

「けり」の上に来る動詞が連用形であることについては、「連用修飾だから」という説明は無効である。助動詞を活用のある用言と認定し、それの上につくのだから連用修飾である、という説明はこの例に関する限

りは可能ではある。しかし、それならばすべての助動詞は連用形接続になるはずだが、当然のこと事実はそうではない。あるものは未然形、あるものは終止形につき、そのような多様性を持つからこそ学習面においても難関となっている。

ここにおいて、活用形が持っているはずの意味は学習上無視されることとなり、「各助動詞が何形に接続するか暗記しよう」という方向性に変化する。活用形を導入した際に語られた、各活用形が固有の意味を持つ、という可能性は忘れ去られ、各助動詞の接続形式の対応関係は、その内実を問われることなく暗記させられることになる。

助動詞「けり」の上の動詞が連用形なのは、「連用修飾するから」というのとは異なる事情による。しかしこれは、連用形が連用修飾をすることや、活用形が意味を持つこと自体を否定するものではない。一つの形式の意味・用法は、一つであるとは限らないからである。学校教育で一般に推量の助動詞とされる「む」は推量以外にも意志・婉曲などといった意味を持ち、そのことは学校教育レベルでも広く認められている。それと同じように、連用形という活用形は、その名のもとになった、代表的な用法として連用修飾があるのであって、それ以外にも連用形の用法は存在する。その一つとして、特定の助動詞を下接するという用法があるととらえるのである。「連用形」という名称は、その形式に対する名づけにすぎず、その用法は連用修飾を含み、より広い。なればこそ、教育を越えた研究としては、連用形とは何か、という問いが開かれることになる。さて、教育レベルに視点を戻し、現状よりもう少しだけ、本質理解に近づいた世界観を構築するとしたら、その第一歩は、助動詞の接続という、修飾とは別の環境における連用形を、他の活用形と併せて位置づけることである。

修飾面においては、連用修飾と連体修飾が対置される。一方、助動詞の接続においては、その一般的な接続形式を見渡すと未然形接続・連用形接続・終止形接続におおよそ分けられる。ここにおいては、「連用形」は「走り」という形式に対する便宜上の名であって、用法としての連用修飾のことは忘れ、助動詞の接続という別世界における位置づけを新規に考えることになる。

以下では、「表に載っている形を暗記する」対象としてではなく、言語にそのような形態変化のセットがあること自体の意味を、少しだけ（？）掘り下げてみよう。

Part I

古典文法の深淵へ

第1章　活用形概説

1．活用形の形式と意味

さて、古典文法を掘り下げる出発点にして、学校で文法を学んだときのつまらなさの出発点でもあろう存在が、活用である。学校では未然・連用・終止・連体・已然・命令の順に「こ・き・く・くる・くれ・こ」と呪文を唱え続ける。これが四段やら変格やら、動詞だけでも9種類あり、さらには助動詞も多様に活用する。これらを自然と活用させられるようにならなければ古典語が言語として身についたとは言えないため、各語の活用の理解・判別は避けては通れない。暗記を前提とする項目ではあるが、その一方で古典が読める状態になった者は、常に頭の中で「こ・き・く…」という活用表を再生してそれを参照しているのかというとそんなことはなく、その語の前後関係から、感覚で判別できるようになっている。暗記すべき基本事項であることは動かないが、これを難しいと感じるのは活用の多様性や例外の多さに起因するものである。では、その複雑きわまる活用とは何なのか、その大筋をとらえ直してみたい。

（1）形式—活用形と語末母音

母音の交代現象としての活用

そもそも活用とはどのような現象のことなのか。意味・機能の面においては「文の中での使われ方に応じて形を変える」こと（言い切るなら「走る。」、続けるなら「走り、」など）だが、その、形式が変化する幅を考えると「語末の母音が変化する現象」である。

活用形の名前（未然・連用…）をいったん忘れ、それぞれの動詞の形がどのように変化するかをあらためて考える。「飛ぶ」であれば「飛ば」（—ず）、「飛び」（—けり）、「飛ぶ」（—とき）、「飛べ」（—ども）と形が変化する。日本語のかな書きでは「飛」までが語幹、活用語尾が「ば」「び」「ぶ」「べ」ということになるが、音そのものとしてはローマ字書きしてしまう方が理解しやすい。実際には「ｔｏｂ」を共通項として、語末の母音が「a」「·i」「u」「e」の幅で変化する。これが活用である。つまり活用とは、「語末の母音が交代すること」である。活用の種類を細かく見ると、四段活用、上二段活用、変格活用、とさまざまなものがあるが、これらは基本的に交代する母音セットの違いによるものである。「飛ぶ」のように「a」「i」「u」「e」の4母音にわたって変化するものが「四段活用」とされる。対して「起く」の場合、その形態変化は「起き」「起く」「起くる」「起くれ」「起きよ」とさまざまではあるが、こちらもローマ字書きすると共通項は「ｏｋ」、そのあとの母音は「·i」「u」の2種にとどまる（「起くる」「起くれ」などは「る」「れ」がさらに付加されているが、「ｏｋ」のあとの母音としてはともに「u」

に一括できる）。こちらが「二段活用」（正確には「上二段活用」）である。

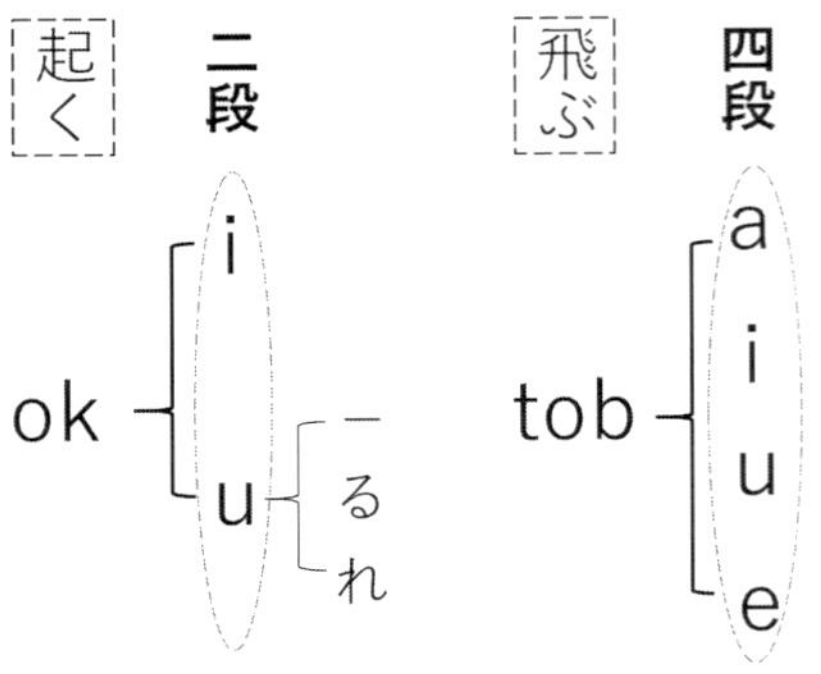
四段
飛ぶ
tob
a
i
u
e
二段
起く
ok
i
u
－
る
れ

四段、二段など、それぞれの活用の種類によって、交代する語末母音は異なり、そのために学校教育では活用表を暗記せざるを得ないのだが、大筋で言えば「上からアイウエオ順に並ぶ」と押さえておけばよい。

大学に入学して久しぶりに古典文法に触れるという学生や、活用の暗記が苦手という高校生には「アイウエオ方式」として紹介しているが、「未然・連用・終止・連体・已然・命令」という活用形の名前と順番さえ覚えていれば、上から順番に「アイウエ」とあてはめていくだけで、概ね正しい活用表が生成できる。

未然	連用	終止（そのまま）	連体	已然
a	i		u	e
飛ば	飛び	動詞 飛ぶ	飛ぶ	飛べ
けら	けり ※実際には存在しない	助動詞 けり	ける	けれ

未然・連用、（終止形はそのままの形だから飛ばし、）連体・已然の順に母音が「a」「i」「u」「e」の順に並ぶイメージである（アイウエオ方式と呼んでいるが、実際には「o」は使わない）。多くの活用語がこの順番になっているのは偶然ではなく、現代の活用形が整備されたとき、そのように意図されたからである。活用形の名称に注目すると「未然」と「已然」は共通項「然」を含んでおり、「連用」「連体」は共通項「連」を含んでいる。これらは互いにある点で近接していると考えられるため、その内容・名称を重視するならば、たとえば「未然・已然・連用・連体・終止・命令」などの並び順でもよかったはずである。また、基本の終止形を見出し的に最初に持ってきて、「終止・未然・已然…」などのように並べる方が合理的かもしれない。にも関わらず、そういう流れを壊してまで、「未然・連用・終止・連体・已然・命令」という順番に並べられているのは、もともと、極力アイウエオ順に並べようという配慮があった結果である。

外在要素を付加しての活用

活用がアイウエオ順に並ぶというシンプルな理解はあくまで大筋の把握であり、四段系の活用のみに適用できるもので、二段系の活用に関しては対応できない。そもそも二段活用は二段である限り「アイウエ」の4母音にわたらない。上二段であれば「イ」「ウ」、下二段であれば「ウ」と「エ」の二段にしか交代しないことをもって「二段活用」なのである。これら、交代する母音の少ない活用においては、ラ行音が四段活用での母音と同じように活用することで、本来の母音交代の少なさを補っていると見ることができる。「飛ぶ」が「飛べ」になる現象を、語末母音の交代現象であることをもって「活用」と呼ぶのであれば、「起く」が「起くれ」になる現象は、本来同じ意味で活用と呼べるものではない。「起く」の本来の活用は「起き」「起く」の二つであり、いわば区別の少ない、不活性な活用である。これに外在的なラ行音が接し、そのラ行音が四段に類する母音交代をすることで連体形・已然形の区別を実現しているとみることができる。ここまで拡張して考えるならば、二段系の活用まで含み、それぞれの活用形が特定の母音によって特徴づけられると言えよう。本書ではこれ以上深めることはせず、音のイメージとして、未然形＝ａっぽい音、連用形＝ｉっぽい音…という把握が、活用と意味を考えることそのものにおいて、その先を考えるにあたっても重要な感覚である、ということを述べるにとどめる。

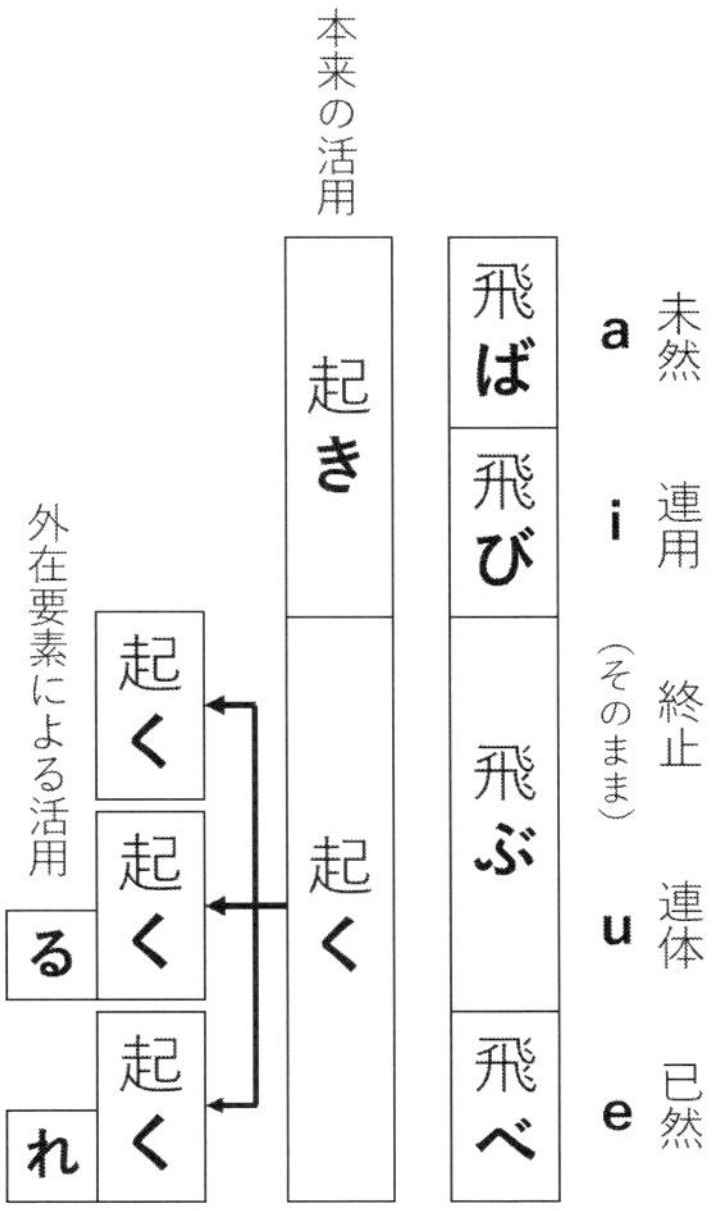

アイウエオの原則から外れるものとしては、二段活用のように、「る」「れ」といった外在要素がつき、それが母音交代するという活用パターンのほか、動詞「あり」そのものが介在し、活用も実態上「あり」の活用そのものという場合も多い。このような事情を知って本質だけに目をやれば、複雑怪奇に見えた活用も幾分すっきりと見えてくる。その典型が形容詞（の補助活用）である。形容詞の活用は、未然「く／から」・連用「く／かり」…と複雑なように見えるが、実際のところは基本的な形容詞の活用は短い方、連用形「赤く」、終止形「赤し」、連体形「赤き」にほぼ尽くされる。「赤から」「赤かり」…という長い方（補助活用）は、「あり」の活用そのもので、「赤し」という形容詞が「あり」を連用修飾している「赤く・あり」、それが詰まって「赤かり」となったものが活用しているのである。よって、「あり」の活用の感覚さえあれば、活用表を暗記する必要はない。

	未然	連用	終止	連体	已然	命令
	く	く	し	き	けれ	
	から	かり		かる		かれ
	↑	↑		↑		↑
	く＋あら	く＋あり		く＋ある		く＋あれ

形容詞に限らず助動詞「べし」「まじ」「まほし」などは形容詞の活用そのもの、また「ず」における「ざら」「ざり」…の部分も「ず＋あり」の活用であり、「たり」「けり」「り」「なり」の活用も「あり」の活用そのものである。この先、大学・研究レベルでは「「あり」の助けを得て活用するとはどういうことか」という問いが立ちうるが、いずれにしても、何らかの外在要素が付加した場合を含め、語末母音が「a」「i」「u」「e」の間で交代することを「活用」と呼んでいる、ととらえておきさえすれば、活用現象の形式面での本質は押さえられる。

(2) 活用形の意味への序説

ここまで活用形の形式を確認してきた。「活用表」という目に見える形での整理においては、まずは意味の位置関係よりも音形式が優先される。形式、たとえば「a」という音である、ということは目に見える形として明確であり、対してたとえば「未然」などという〝意味〟は理念の世界のものであって目には見えない。

しかし、それぞれの語がそれぞれの活用形に変化することに意味があると考える本書の立場からは、「未然形」「連用形」などの名で呼ばれる各活用形の意味を問題にしたい。それぞれの活用形はどのような性質を持った存在で、他の活用形とどういう位置関係をもって体系を成しているのか。これ自体、古典語研究の永遠のテーマなのであって、めったなことは言えない領域の本丸のようなものだが、本書の気楽さと雑さのもと、考えていきたい。

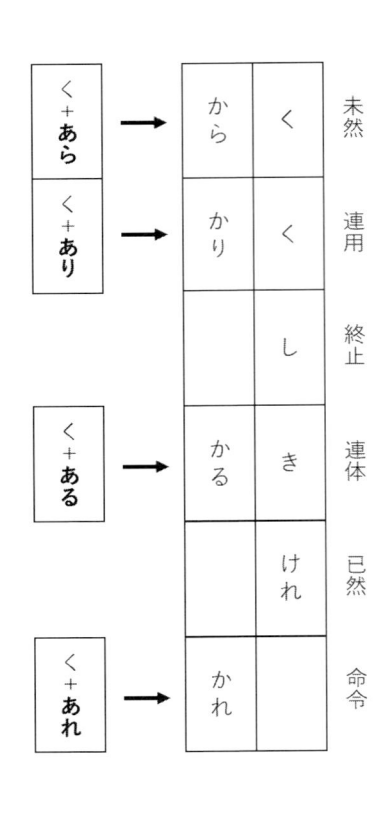

「連」と「然」

活用形の名称において、目立つ対となっているのは「連用」「連体」と「未然」「已然」、共通項としては「連」と「然」の二つである。用言の各活用形は、それぞれ一通りでなく多様な機能を持つが、そのなかでこのように名づけられたということは、そこに用言としての目立つ特徴が見て取れるはずである。それがすべてでも、本質でもないとしても、である。

哺乳類の分類においてはカピバラやネズミは「齧歯目」、ウシやヤギは「偶蹄目」に分類される。前者は歯に注目しての命名、後者は蹄に注目しての分類であり、すべての哺乳類を、歯という一つの尺度で分類したわけでない点、体系的ではなく、また、歯が目立つものの、カピバラやネズミの一群の特徴・性質は歯のみに尽くされるものでもない。目立つ特徴をもとに、その一群に便宜上のラベルを付与しているのであって、「未然形」「連用形」という名づけも同様、体系的ではない、ある特徴をもとにしたラベルに過ぎない。そのため、「未然形というのはその名のとおり、「未然」という意味がすべての用法に貫かれており…」などと説明することは実際においては不可能であり、それが、意味を起点にした教育・説明を閉ざしている。一方で「齧歯」「偶蹄」と名づけられたことによるイメージでその一群を意識することは、（それがどんなに表層的であり、ときに当時の誤解によるものだったとしても）カテゴリーの把握には有効であり、そのように呼ばれている一群を一群たらしめている本質は何かを問う、という「その先」への興味の立脚点として重要である。

さてそれでは、「連用」・「連体」の対、「未然」・「已然」の対から、活用形の持つ内面的意味を探る入り口に立とう。連用・連体はそのまま連用修飾・連体修飾という概念につながるとおり、修飾のありかたの2種からなる呼称である。対して、未然・已然は「未然＝未だ然らず（まだ、そうではない）」、「已然＝已に然り（すでに、そうだ）」ということからもわかるように、端的には時間、未来と過去にあたるような呼称である。

述語が形態変化することによりなんらかの意味を表し分ける。その代表的な二つが、「連―」の修飾関係と「―然」の時間関係だということになる。このうちの「連」は、いわば文の中での役割としての概念であると解釈できる。

文の主要成分である述語の典型的な役割は、文を閉じること（終止）である。語が複数並んで文ができる、という素朴な感覚に立ち返るなら、要素・部品としての語の並び方はいわゆる切れ続き、そこで切れるか、続くかの二通りとなる。基本となる「切れる」終止に対し、「続く」、すなわち「連」が位置づけられ、それが続く相手によって連用・連体に二分される。

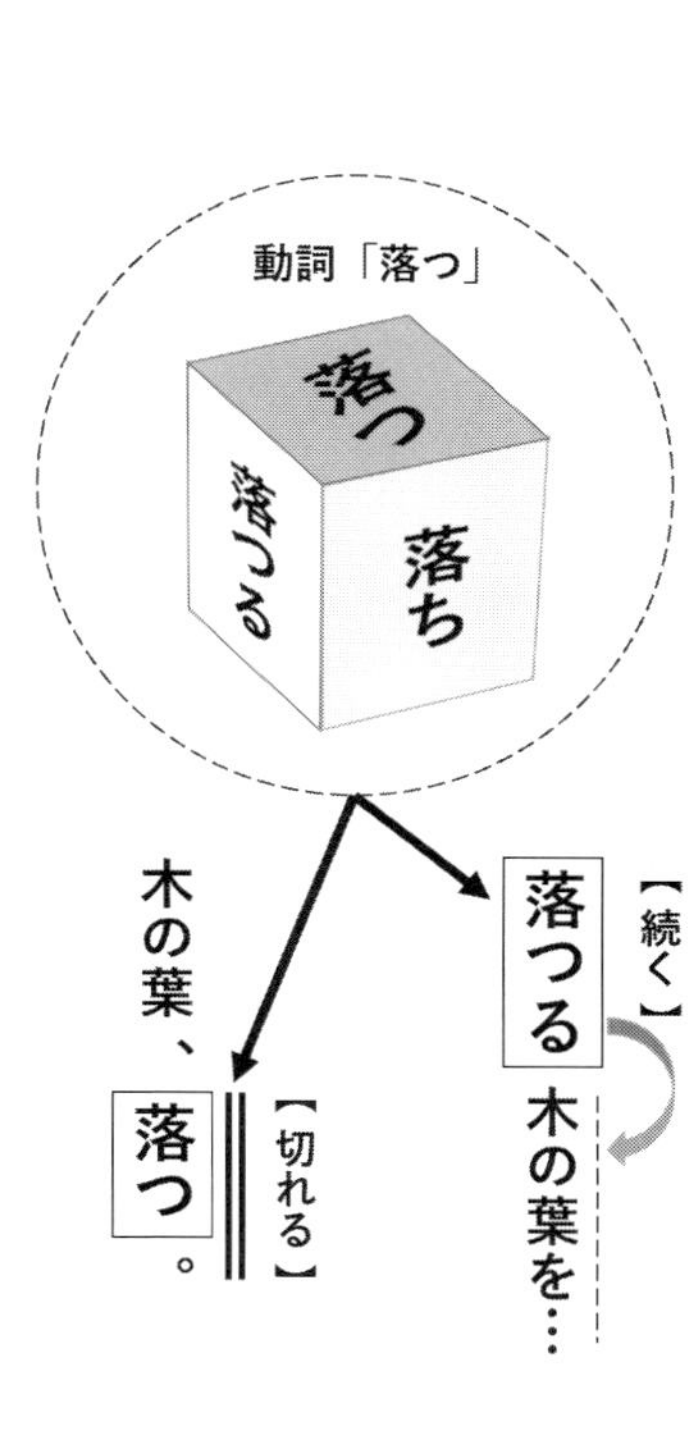

一方で時間とした「然」の側は、文の部品の並び方という外形的なレベルとは異なり、できあがった文の表す内容が、過去に位置づけられるのか、未来に位置づけられるのかの表し分けであり、「どうあるか」に関する領域である。

するとひとまず、活用変化によって表し分けられている世界が、以下のような形として浮かび上がってくる。

この「切れ続き」と「どうあるか」はそれぞれ別次元での述語的意味であり、各活用形はそのいずれかの次元でしか機能しないというのであれば話は簡単なのだが、厄介なことに事実はそうではない。たとえば連用形は「切れ続き」としては連用修飾という「続き」に機能するが、過去や完了の助動詞を下接させて時間的意味を表すという点では「どうあるか」という次元においても特定の性格を持っている。

　このように一歩進めるとさらに複雑な世界が広がっていくが、ひとまず粗い理解として「それぞれの活用形に、それぞれの用途がある」という前提が受け入れられればよい。

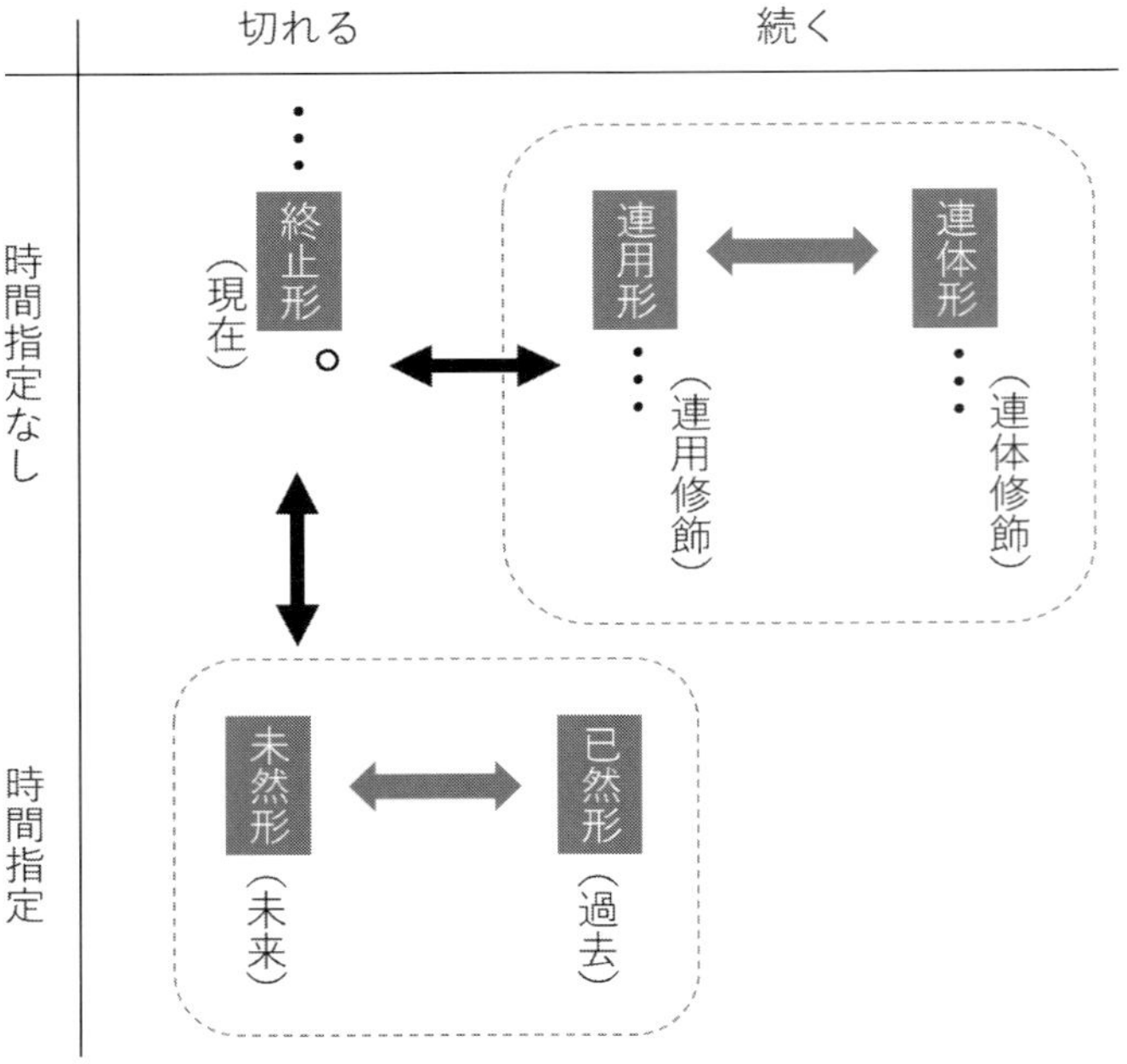
切れる
続く
時間指定なし
時間指定
終止形
（現在）
連用形
（連用修飾）
連体形
（連体修飾）
未然形
（未来）
已然形
（過去）

2.「連用と連体」から

（1）連用修飾と連体修飾

同じ語の末尾の母音が交代することで、文法的意味を表し分けるのが活用であった。では何かを表し分けているそれぞれの活用形とは、本質的に何なのか。まずは「連用」と「連体」の対を見てみよう。

動詞（用言）の用法としては、そこで文を言い終える、述語らしい述語用法のほかに、いわゆる修飾の用法が存在する。さきに「続く」と称した、連用修飾・連体修飾である。学校教育において修飾は「意味を詳しくする」などと説明されるが、述語のありかたの一つと解釈することも可能である。いわゆる修飾、たとえば「犬が速く走る」の「速く」であれば、これは「犬が速い」、「犬の走り方が速い」と解することができる。つまり連用修飾としての「速く」は文の主語（「犬が」）・述語（「走る」）それぞれに対する述語とみなすことができるのである。一方、連体修飾については、たとえば「走る犬」の「走る」が「犬」を連体修飾しているのだが、これは主語・述語（「犬」―「走る」）の順序が逆転して述語・主語の順になったものと把握することができる。このように、活用の中には修飾に働く形もあるが、それらについても述語性を認め、活用現象の全体を「述語としてのさまざまなありかたに対応する形式」と統一的にとらえることも可能である。

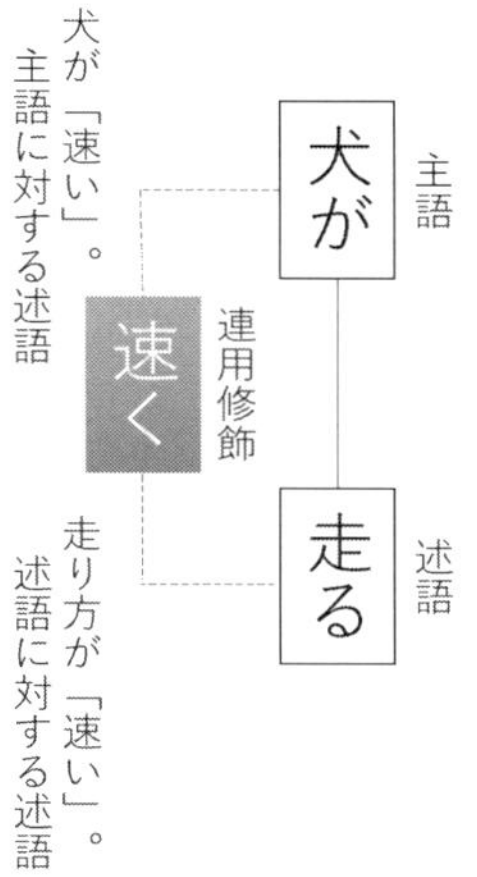
主語
犬が
連用修飾
速く
犬が「速い」。
主語に対する述語
述語
走る
走り方が「速い」。
述語に対する述語

主語
犬が
述語
走る

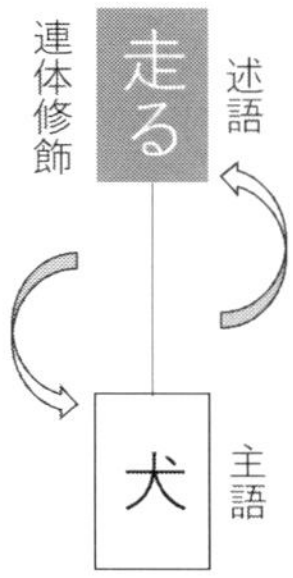
述語
走る
連体修飾
主語
犬

そもそも「意味を詳しくする」ということは、ある対象に対して説明を与えることであり、それ自体が述語的である。

（2）狭義「述語」としての連用中止・連体終止

ここまで、いわゆる「修飾」を述語という概念と関連づけて解釈を試みた。そのような再解釈をもって活用の世界を「述語」として統一することも可能だが、学校教育における一般的な文の成分は主語・述語・修飾語の3種であり、そのレベルに合わせるなら連用修飾・連体修飾は述語が修飾語に変容したものと位置づけられる。修飾語も究極的には述語と言えてしまうが、慣例的な述語らしい述語、狭義述語とは別に、修飾語として区別しようという線引きである。この方が、慣れ親しんだ感覚に近かろう。そこでこれら修飾の用法をそのまま活用形の性質として、連用形・連体形という二つは、述語を修飾語に転換するための形式と把握し、修飾用法と結び付けて両活用形を説明するという手法が、学校教育では一般的である。だが、活用形の名前と用法をそのようにシンプルに対応づけて済ませられるほど、事実は単純ではない。それぞれの活用形の用法は一つにとどまらず、連用形・連体形ともに修飾語にならない、狭義の述語としての用法も持つ。

まず連用形においては、いわゆる修飾でない、より素直に述語と言えるケースで「続く」用法が存在する。いわゆる連用中止法である。

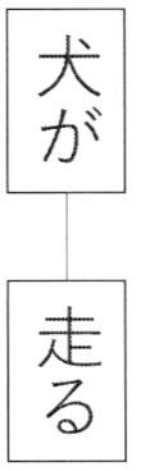
犬が
走る

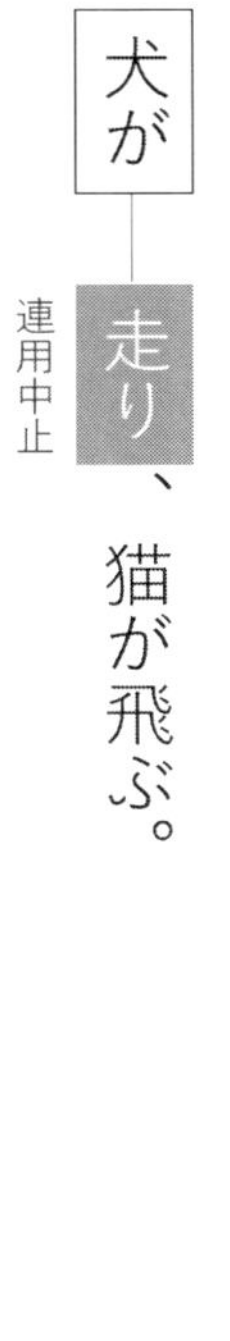
犬が
走り、
連用中止
猫が飛ぶ。

この用法においては、連用形は文の述語そのものとして機能しつつ、ただそこでは終わらず文が続く、という機能を果たす。修飾に回るのではなく、述語として最後まで言い切るのをいったん中止しているだけである。これこそが最も素直な「続く」述語ともいえよう。

対して連体形には連体終止法と呼ばれる用法が存在する。たとえば

『万葉集』山部赤人の「田子の浦ゆ〜」の歌。

富士の高嶺に雪は降りける

これは文末を連体形で言い切る（終止形「けり」のはずのところが連体形「ける」になっている）表現方法であり、通常の終止形での表現に比して、強調・詠嘆等の意味がもたらされる。

このように狭義述語においては、述語ではあるがそこでは終わらず、文が続く、通常の述語よりも（感覚的な言い方になるが）「弱い」「手前」の表現として連用形、述語としてそこで終わる上に、ある種の叙情性が付与されることをもって通常の述語よりも「強い」「一歩先」の表現として連体形が位置づけられ、この観点から見ても両者は対照的と言える。

このように連用形・連体形は、狭義述語においては、通常の言い切り方（終止形）とはやや異なる2方向に位置づけられ、狭義述語から修飾語に転換する言い方としても、その修飾のありかたとして2方向に位置づけられることになる。

以上、連用形・連体形は、次に示すような体系を、終止形を起点として構築しているとみることができる。

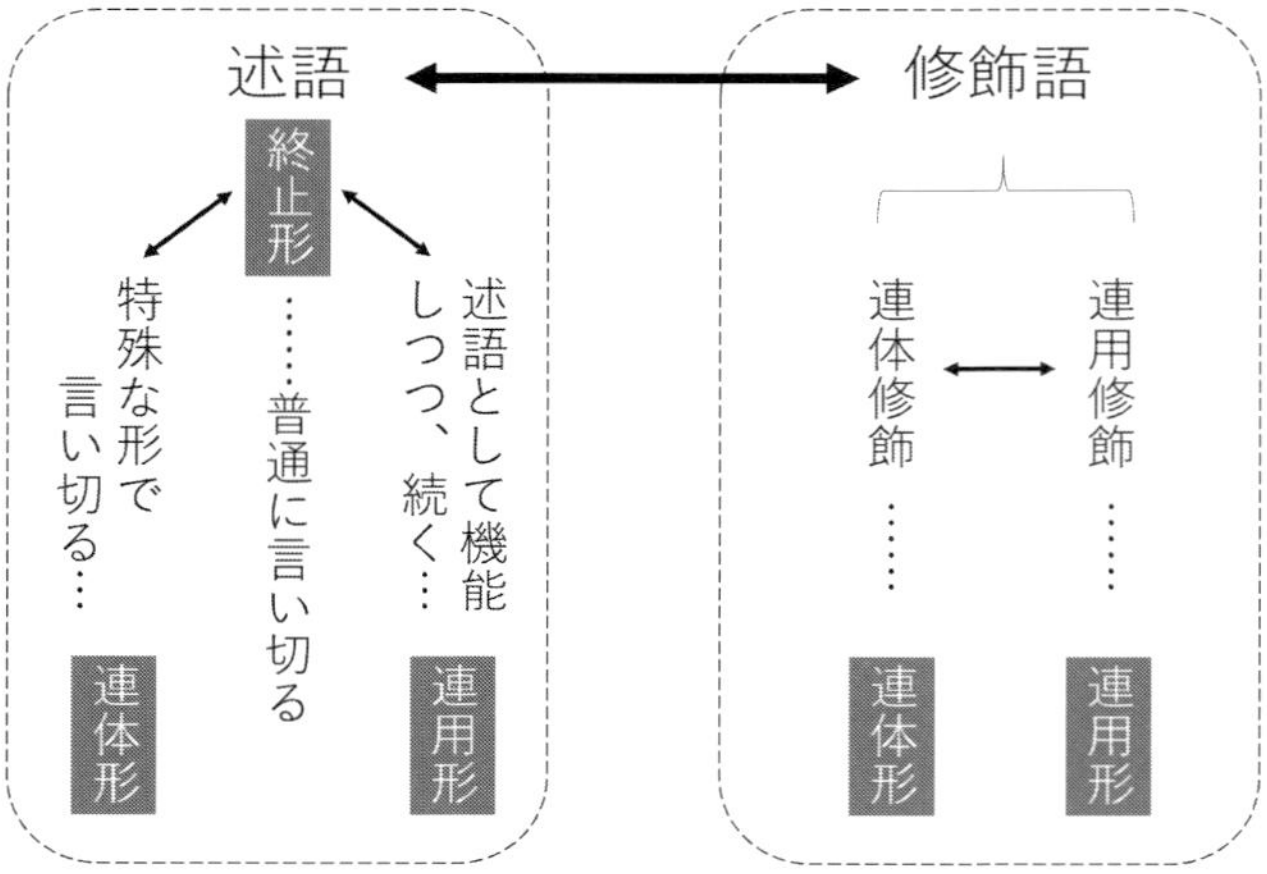

（3）連体形とは—終止形に「の」を足した意味

さて、ここでいよいよ「連体形」という活用形そのものの性質について考えてみたい。連体形は連体修飾するのみにとどまらないこと、上述のとおりであるが、まずは外形的に終止形との比較をしてみよう。連体形は、終止形と同形か、終止形に「る」を足した形である。

	終止形	連体形
四段	走る	走る
一段	見る	見る
二段	落つ	落つる
カ変	来	来る
サ変	す	する

このことから、連体形というものの意味は、終止形に近く、終止形に何かが足されたものとして位置づけてみたくなる。

すでに述べたとおり、各活用形の呼称は、その意味の全体を示すものではなく、あくまで代表的な用法をもとにつけられたラベル・見出しのようなものである。

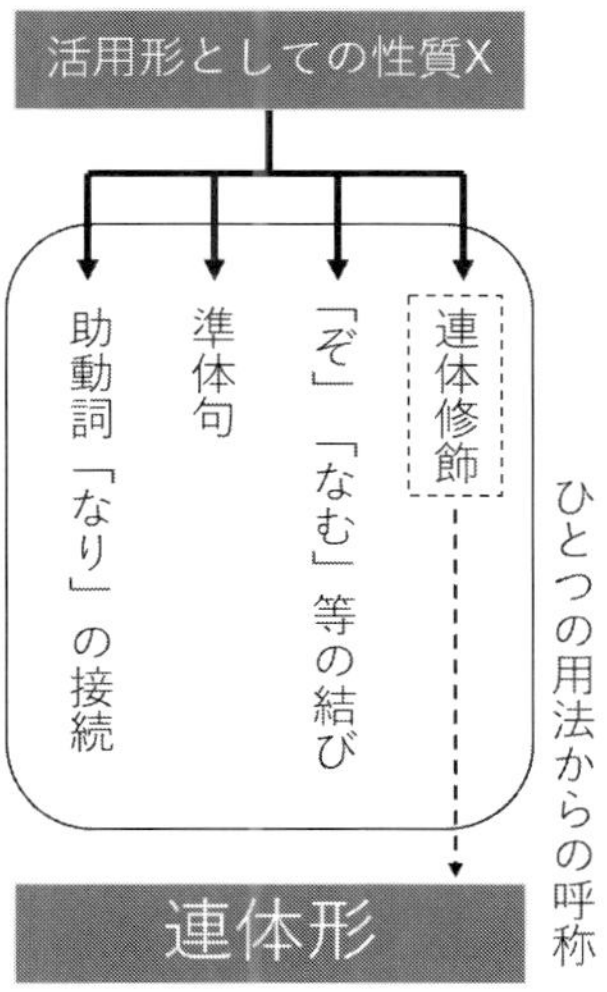
活用形としての性質X
連体修飾
「ぞ」「なむ」等の結び
準体句
助動詞「なり」の接続
ひとつの用法からの呼称
連体形

そのため「連体修飾をするのが連体形」という一対一対応ではなく、とりあえず連体形と呼ばれているものの、活用形としての性質Xを理解することをあらためて目指したい。学術的には不正確な言い方になるが、理解のための方便として、

連体形の「活用形としての性質X」＝「終止形＋の」

といったん定義しておきたい。

連体形の「＋の」という性質は、連体形の持つ以下の各用法を貫いており、すべての用法が説明可能である。

〈1〉連体修飾

活用のない名詞が、名詞を連体修飾するのであれば「の」が必要となる。動詞の連体修飾において「の」が不要なのは連体形になることによって、内面的に「の」が足されているからである。片言の日本語で「明日来ルノ時、連絡シテネ」等、「の」を入れたくなる感覚はわれわれにも理解できる。実際にそうしないのは、連体形をとったことで、上述のとおりすでに「の」が含まれているからである。

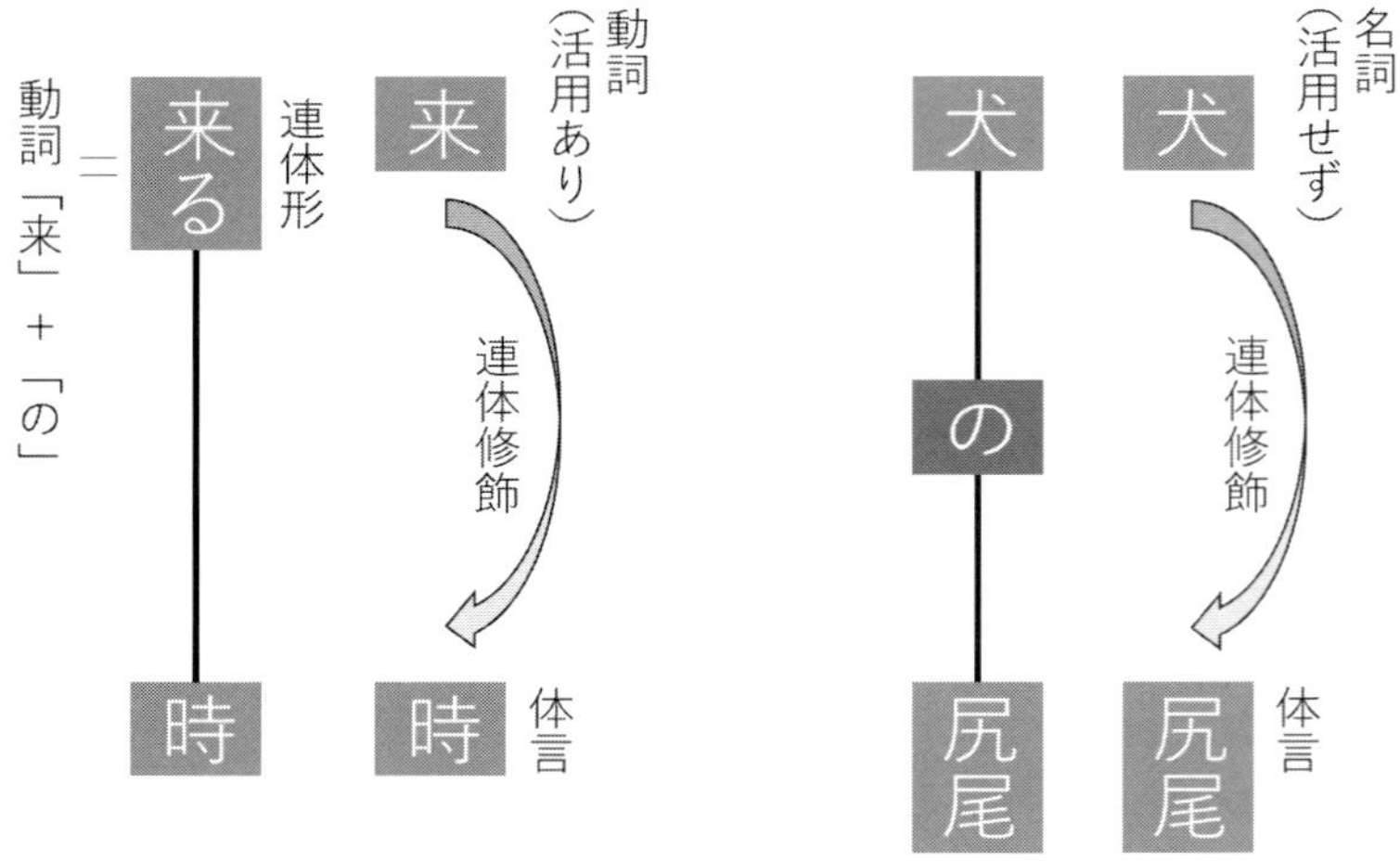
名詞（活用せず）
犬
連体修飾
体言
尻尾
犬
の
尻尾
動詞（活用あり）
来
連体修飾
体言
時
連体形
来る
＝動詞「来」＋「の」
時

〈2〉準体句

連体形には、名詞相当の句（準体句）を構成する働きがある。

からすの寝どころへ行くとて…飛び急ぐさへあはれなり。（枕草子）

ここでの「飛び急ぐ」は連体形であり、「からすが飛び急ぐ」全体をthat節相当にまとめている。訳すにあたっては「からすが飛び急ぐの」のように「の」を補うことで解釈が可能である。

〈3〉連体終止

前述のとおり連体形には連体終止（連体止め）と呼ばれる用法があり、そこでの表現効果は強調・詠嘆とされる。

富士の高嶺に雪は降りける

一般に「〜なあ」などと訳すよう指導されるが、これも訳に「の」を添えることでニュアンスは解釈できる。過去の「けり」を機械的に「た」で訳すなら、ただの終止形の「降りけり」が「降った」と訳されるのに対し、連体形「降りける」は「の」を足して「降ったの！」と訳される。ここに現代のわれわれでも、気持ちの強さのようなものをそのまま感じることができる。

〈4〉係り結び

「ぞ」「なむ」「や」「か」の結びが連体形であることについては、さまざまな解釈・説明があり、意見の一致を見ていないが、連体形を「＋の」とする把握において、感覚的な了解は可能である。「ぞ」「なむ」は強調、「や」「か」は疑問を主な意味とするが、これらの表現と「の」での結び表現は親和性が高い。

強調の係り結びにおいて、たとえば「犬ぞ」という係りは、この時点で「犬がね」とでもいうべき強調がかかっており、このような言い方をした以上、文末も「走った。」だけでなく「走ったの!」というように強い言い方が求められる。また現代においても、疑問は「走ったの?」と聞けるように、「の」を用いる文末と馴染む。

〈5〉断定の助動詞「なり」の接続

後述するが、多くの助動詞は未然形か連用形に接続するのであり、連体形接続の助動詞は稀である。そのなかで断定の助動詞「なり」は「体言または活用語の連体形に接続する」とされる。連体形に接続するのは助動詞「なり」が本来、名詞を述語化する要素であることによる。用言に接続する場合はその用言は名詞に準ずる形でなければならない。すなわち〈2〉準体句化をもって、名詞相当の資格にすることによって対応している、というのが実態である。便宜的には以下に見るように、連体形は「の」を含んだ意味を持つ、と理解しておいてもよい。

断定の助動詞「なり」は教科書的には「〜だ」「〜のだ」と訳されるが、「だ」と訳されるのは体言に下接する場合、「のだ」と訳されるのは用言に下接する場合である。ここで「のだ」と訳されるときの「の」は、「なり」に対する訳ではなく、上接用言が連体形であることの訳である。

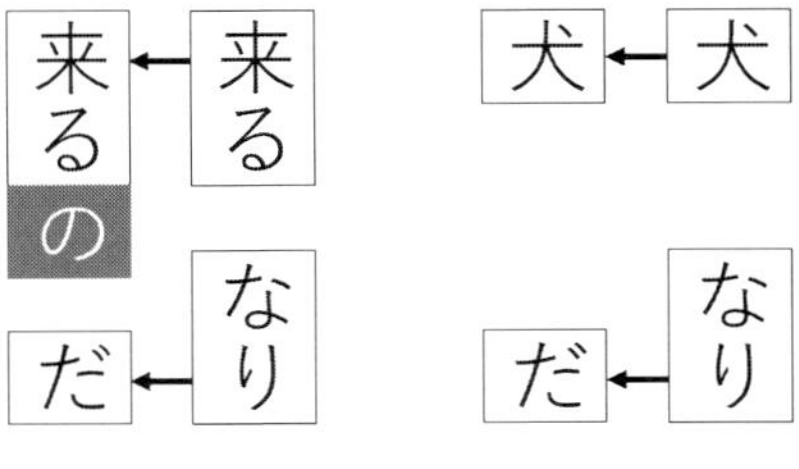

以上のように、「連体修飾をするのが連体形」という外形的な命名と暗記にとどまらず、「連体形とは何なのか」という問いを立て、用法を観察し、それらをもとに、各用法を貫いてあるその形式の性質を追究する、それが本書の目指すゴールである。そしてここで試みたように、連体形の性質を「終止形+の」と把握することにより、その名の由来である連体修飾を含み、連体形が実現している各種用法を説明することが可能となる。その中心的な機能は〈2〉の準体句構成と考えられ、「の」を足した意味、と説明してきたものは「準体句を構成する」ということをイメージしやすいレベルで翻訳したものである。

「こういう場合はこういう形になります」という事実を暗記するのはゴールではなく、言語について考える楽しみの出発点である。それは同時に、確かに言えることから、確かに言えないことへの飛躍でもあるのだが。

本節はここまで見てきたとおり、連体形の活用形としての性質Xの定義を試みた。そのXは、連体形については準体句構成という、明確な解釈が可能であったが、他の活用形についてはそのように単純なレベルでの解答はない。先にお断りしておかなければならないが、連体形以外の活用形については、本書ではより大まかな把握を示すにとどまり、各活用形の用法を網羅的に説明することは叶わない。活用形というものを考えるにあたって今後とも検討しなければならない課題につながる事実、それらに対する筆者なりの見通しを示して終わる箇所が多々あるが、せめてこの先考えるべきことの入口までは案内したい。

　さて、連体形に対するものとして連用形の検討が控えているが、「連用」「連体」についてはここまでで一度区切り、連用形に関してはこの後の「未然」「已然」を通してあらためて見直していくこととしよう。

3．「未然と已然」から

（1）未然と已然

「連用」「連体」に並んでその名が一つの対を成しているのが「未然」と「已然」である。

　一般に学校教育において、両者の差異が注目されるのは接続助詞「ば」による順接条件である。

●未然形＋ば・・・順接仮定

雨降らば　［もしも、雨が降ったら］

●已然形＋ば・・・順接確定

雨降れば　［実際雨が降ったので］

　このように未然形か已然形かにより、その事態が仮定の話なのか、確定しているのかの違いが生じる。学校教育では活用形自体に意味を認める立場を取らないことが多いため、「未然形と「ば」を足すと、結果として「順接仮定」という一つの意味が出来上がる」というようなイメージで説明されることが多いが、ここで順接仮定、順接確定の共通項を取り出してみると次のように整理される。

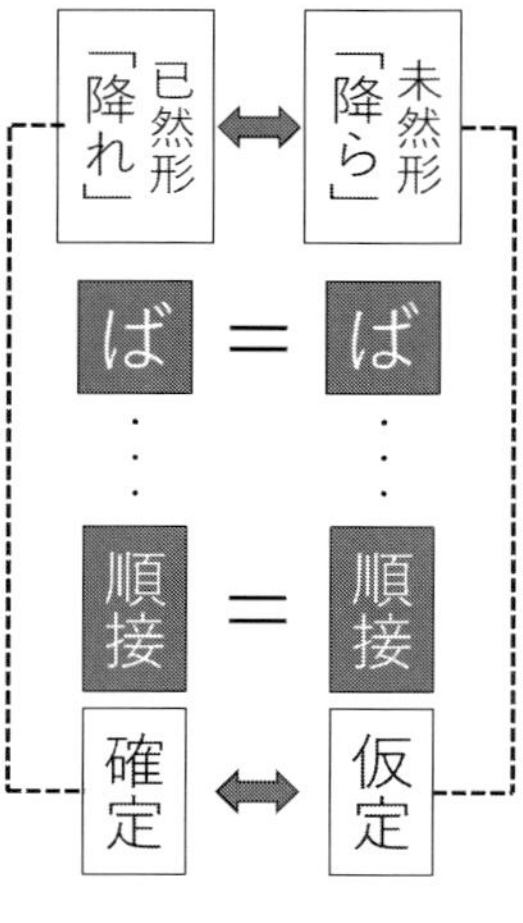

　ここから意味と形式の対応関係をみると、共通項として「ば＝順接」という図式が取り出せる。未然形、もしくは已然形と「ば」が混ざって化学反応のように「順接仮定」「順接確定」ができるというよりは、いずれの場合も「ば」はその時点で順接を担い、未然形もしくは已然形がそれぞれ足し算として仮定か確定かを決めているということになる。つまり、未然＝仮定、已然＝確定、という意味対応になる。

そもそも、「未然」という語自体、読み下すなら「いまだしからず」＝まだ、そうなっていない、「已然」は「すでにしかり」＝もう、そうだ、という意味であり、未然・已然という名そのものが、仮定・確定とほぼ同義ととらえて差し支えない。ここでのとらえ方は、未然形・已然形自体に「仮定」「確定」という意味を対応させようという考え方である。あえて粗雑にまとめるなら、未然形は未来形、已然形は過去形のようなもの、ととらえることになる。

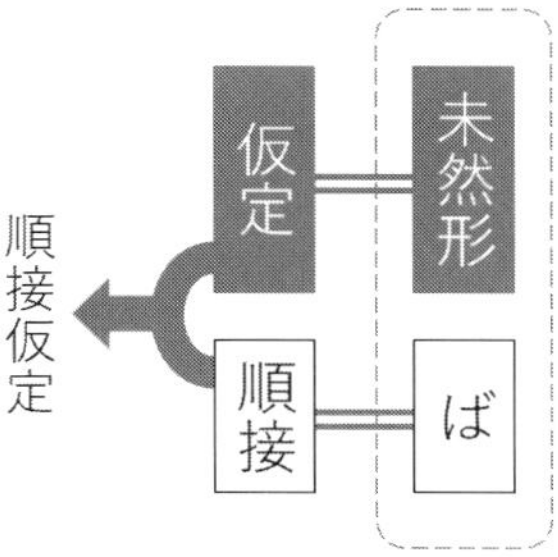

(2) 補説「仮定形」

古典語学習において「已然形」とされる活用形は、主に中学校での文法教育、すなわち現代語文法においては「仮定形」と呼称が変わる。これは、古典語と現代語で、活用形の用法が変化し、元来確定を表していたはずの已然形が仮定条件に使われるようになったためである。

古典語において仮定を表していた「未然形＋ば」は使用されなくなり、確定を表していたはずの「已然形＋ば」が仮定の表現にずれ込む。そして確定条件は別途「ので」など、別の新形式が担うようになる。このような変化変遷を経たのが現代語であるが、現代においてかつての已然形「降れ」の用途は、(「こそ」の係り結びもなくなっていることもあり)、この、接続助詞「ば」との接続くらいしか残っていない。そしてその用途がもはや「已然」(≒確定)とは言えない以上、呼称の面でも「仮定形」と変更されているのである。

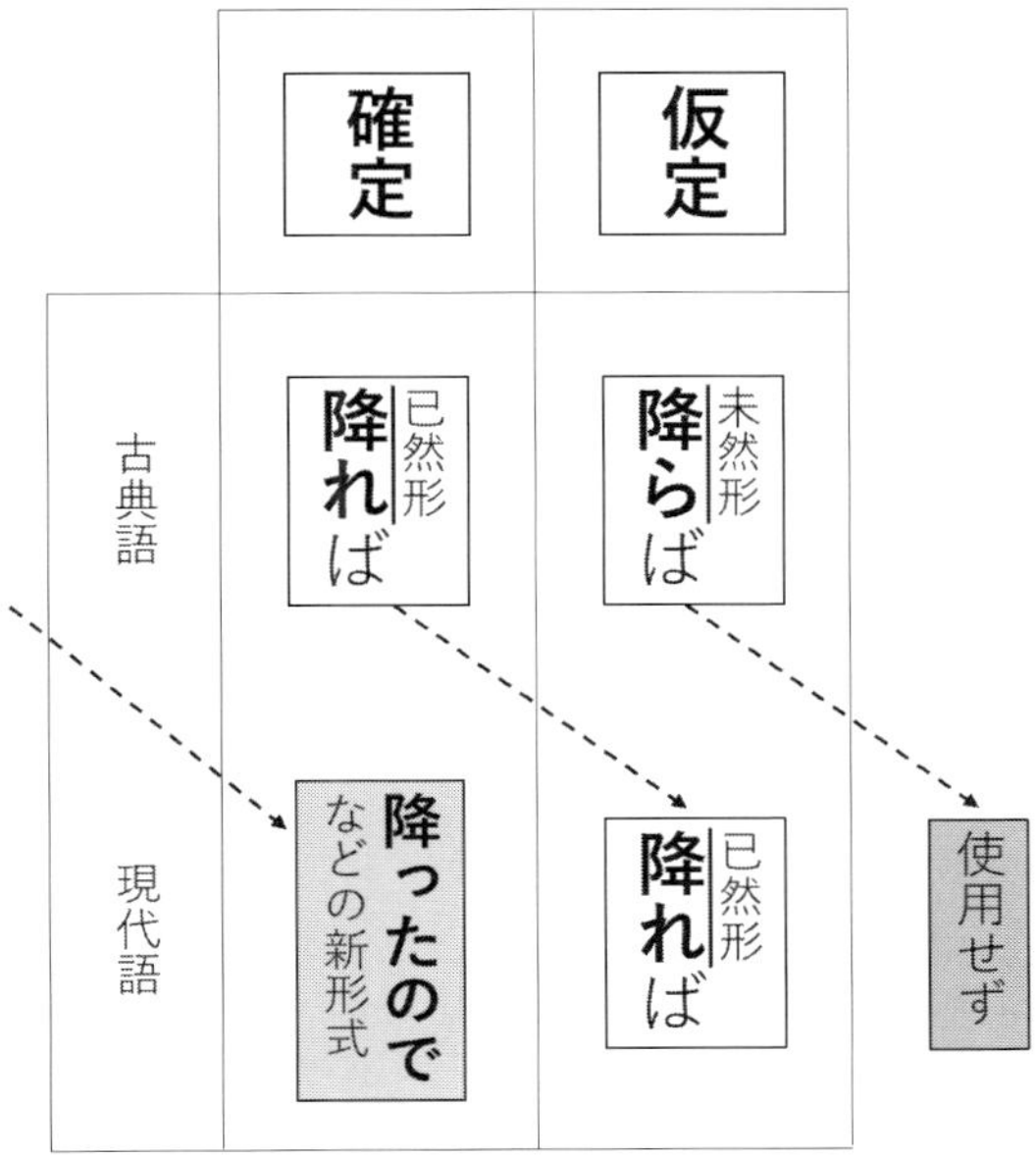

なお、このような呼称変更がされるということ自体、できることなら、活用形の名前を意味・用法と関連づけたいという発想があることを示唆している。

本書では活用形そのものに特定の意味があるとする立場をとるが、その活用形が持っていた意味は、現代まで貫かれて生き残っているものではない。むしろ、本来持っていた活用形の意味が忘れられ、体系が崩壊したのが現代語であるととらえる。だからこそ、本来の感覚が失われた現代語話者にとっては、古典語の文法は別言語のように暗記しなければならないのである。現代に至るまで、已然形における変化をはじめ、活用体系はさまざまに変質・崩壊してきており、活用表の上では現代語も古典語も似たような見た目であっても、内実までが共通・一貫しているとは限らない。本書でこれから示すような述語の意味体系は古典語に特有と言ってよく、言語として古典語を見る者にしかわからない世界がそこにある。

（3）「未然」「已然」それぞれの意味

さて、接続助詞「ば」を下接させるとき、という極めて狭い条件のもと、未然形≒未来形、已然形≒過去形と把握することが可能であることを確認した。そしてこの性質は接続助詞「ば」を伴って条件節を構成する場合に限らず、助動詞全般の接続にも、実は敷衍することができる。

まず未然形だが、そもそも未然形接続の助動詞は基本的に「未来」に相当する意味を表し分けるものと解釈できる。

未然形に接続する助動詞としては意志・推量の「む」、打消の「ず」、反実仮想の「まし」などが知られている。意志や推量、すなわち何かをしようと思ったり、こうなるだろうと予測する、といったことは時間的には未来に属することであり、未然形≒未来形という図式が理解しやすい。そして、順接仮定の「未然形＋ば」を解釈した際、未然形そのものの意味として「仮定」、すなわち未来を見出したことを、ここであらためて思い出されたい。未然形とは、未来を表す助動詞と仲の良い形、ということを越えて、未然形という活用形自体が未来を表しているととらえるのである。未来に関わる意味の助動詞は、未来を表す活用形（未然形）と引き合う。より正確には、未然形接続の助動詞の意味は、未然形そのものが持つ未来の意味を前提とする、といった世界観である。

ではここでさらに一歩進んで、ひとまず「未来」と呼んできた意味を、もう少しだけ正確にしたい。未然形に接続する助動詞の意味はさまざまあるが、それらすべて、打消や反実仮想までを、未来に属する事象ととらえることは不可能である。「雨が降らない」という打消は未来のことではないし、「この世に桜がなかったとしたら春ものどかに過ごせるのに」という妄想も未来のことではない。未然形が表す意味を大雑把に「未来」ととらえておいたが、ここにおいてその意味をやや精密化、あるいは拡張する必要が生じる。打消や反実仮想などの意味まで含めた場合、未然形の「未然」というのは「これからそうなること」という未来ではなく、あくまで「今（現実）は、そうではない」、つまり「現にこの世界には存在しないこと」という、非現実・非存在として解釈される。「雨が降らない」という打消における、打ち消される内容（＝助動詞手前の動詞未然形まで）である「雨が降る」ことや、反実仮想による「この世界に桜がない」ことなど、言葉でもって描かれた世界は、現実の世界と真逆である。また、意志・推量においても、意志されている内容はまだ現実世界では実現しておらず、推量内容というのも頭の中で考えたことに過ぎず、現実である確証はない。このような共通性をまとめると、未然形が持つ意味は、未来にとどまらず、現実とは異なること、現実である確証がないもの、という意味での、いわば非現実を表す形式と解釈されることになる。これにより、未然形に接続する助動詞が、特定の意味に限られることを包括的に理解できることになる。

だとするならば、大雑把に「過去」とした已然形は、実際に起こったこととしての確証がとれること、未然が表す非現実に対し、現実を表す形式と解釈できる。已然と未然という対は、現実と非現実の表し分けを担っており、その端的な事例として、接続助詞「ば」を下接させた際には、確定と仮定とに分化するのである。

（4）已然形と連用形

さて、活用形において未然形と已然形が大雑把には未来形・過去形のようなものであること、さらにそれをやや正確に言い換えるなら非現実と現実を表し分けていたことは先に確認したとおりだが、現実を語る側の形式、已然形の登場機会はさほど多くはなく、接続助詞「ば」および「ども」を接続する場合程度である。

「む」「ず」「まし」といった非現実に関わる意味を担う助動詞は未然形に接続するが、これに対して現実に関わる意味を担う助動詞として位置づけられるものは何か。それは「過去」や「完了」といった意味を持つ助動詞群であり、具体的には「き」「けり」「つ」「ぬ」「たり」等である。そしてこれらは已然形ではなく、連用形に接続することから、現実に関わる意味を担う活用形としては、連用形と已然形の2種類があるということになる。

「連用形が持つ多様な用法のうち、現実を表すという側面においては已然形とほぼ同じ」ととらえても構わないし、「現実を表す用法としては、接続助詞がつくときは已然形、助動詞がつくときは連用形という棲み分けがある」ととらえておいても構わない。いずれにしても、古典語の述語体系を把握するにあたっては、助動詞が関わる限りにおいて、未然形と連用形が非現実と現実の表し分けを担っていると理解しておけばよい。

已然形と連用形の関係は、結論から言うと、ほぼ同じ機能を持って生まれた双子のようなものである。そのうち、連用形が多くの役割を得、已然形はほぼ、なくてもいいような位置にしかいられなかった。自然淘汰で負ける側、といった感じである。ともに現実を表す形として存在した中で、その役割の多くは連用形が受け持ち、已然形の居場所は文が続くとき、接続などのわずかな場合のみとなっている。

外形的特徴を補足しておこう。四段活用の已然形は「e」の音になり、これは下二段活用の連用形の音と一致する。四段活用の已然形は、その動詞がもし下二段活用だったとしたら連用形と認定される形なのである（次頁図）。この点からも、已然形と連用形のつながりを考えてみたくなるが、ここでは補足にとどめておく。

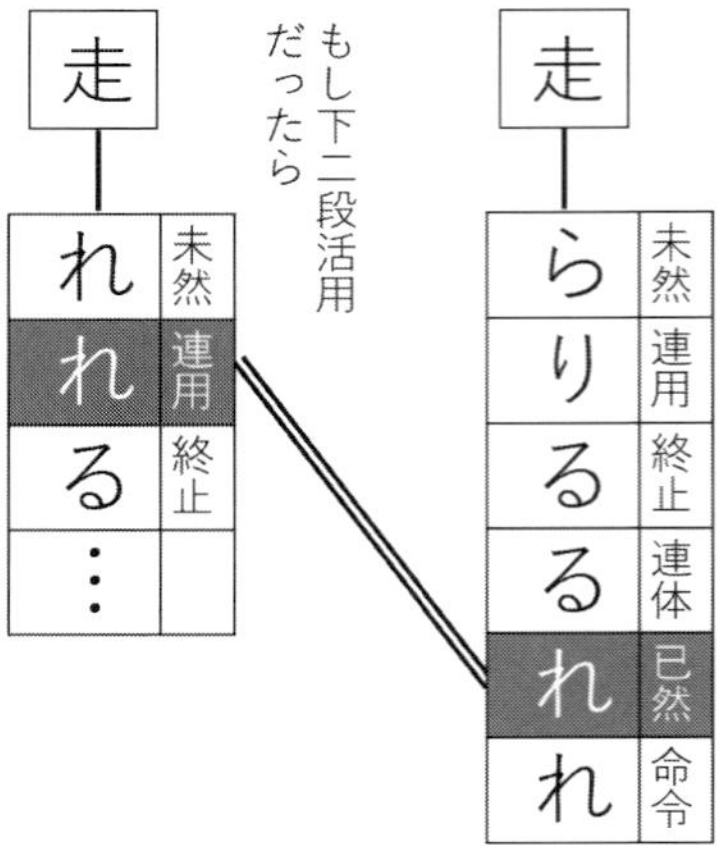

4．助動詞にとっての活用形

ここまでをまとめるなら、助動詞の接続における活用形は、大雑把に未然形＝未来、連用形＝過去に対応すると考えられる。未然形接続の助動詞は非現実、粗雑に言うなら未来に属するもの、連用形接続の助動詞は現実、すなわち過去に属するものである。さらに目を転じると、基本となる終止形は古典語においては助動詞なしで言い切ればそのまま現在を表すことから、「未然・連用・終止」の上から三つが、おおよそ未来・過去・現在に対応するととらえることができる。よってこの3活用形は、古典日本語における未来形・過去形・現在形のようなものととらえてよい。

この三項対立を端的に理解しやすい事例として「む」を起点とする推量の助動詞群がある。現在推量に「らむ」、過去推量に「けむ」という形式が存在し、だとすると「普通の」推量「む」は、普通の推量であることをもって未来の推量ととらえて差し支えない。このように考えると、それぞれ「む」が未然形接続、「けむ」が連用形接続、「らむ」が終止形接続であることが、納得できる。

未然形 走ら	連用形 走り	終止形 走る
＝未来 ＋未来の助動詞（未来）推量「む」	＝過去 ＋過去の助動詞 過去推量「けむ」	＝現在 そのまま「。」 現在推量「らむ」
非現実	現実	その他

さて、いったん「現在」とした終止形であるが、助動詞の接続における終止形の機能は、そのすべてが「現在」で収まるものではない。それは未然・連用がそれぞれ、未来・過去と把握すると大枠のイメージはしやすいが、より正確には非現実・現実と修正すべきものであったのと同じである。

助動詞の多くは未然形または連用形に接続し、その事態が非現実か現実かを表し分けている。しかし、助動詞のなかには他にもう一群、終止形に接続するものが存在する。推量系の「べし」「まじ」や推定とされる「なり」「めり」「らし」などである。これらに関しては「現在」という意味をもっての説明はしにくい。これらの助動詞がなぜ終止形接続なのか、それ自体が解決を見ていない問題であり、終止形接続の助動詞の存在が「未然／連用＝非現実／現実の語り分け」という、すっきりした形態対立の説明を妨げている側面がある。助動詞の接続に働いている終止形とは、どのように位置づけられるのか。それは筆者の手に余る非常に専門的な問題であるため、本書では「終止形＝その他」という位置づけにとどめ、せめて「その他」とはどういうことかについて、後に少しだけ考えてみたい。

　現実でなければ非現実、非現実でなければ現実であり、理屈のうえでは「その他」はあり得ない。しかし、理論・理念としては二分できるものであっても、実際の世界においては白黒はっきりつかない、グレーな領域が多様に存在しうる。それを写し取る言語の側でも、その体系は使用の便に合わせてときに非対称であったり、ときに欠けたところがあったり、必ずしも理屈どおりにはならないものである。甚だ雑ではあるが、終止形は非現実でも現実でもない、ちょっと特殊な領域＝「その他」であるとして、先に進もう。最後に特殊性という点について付言しておくならば、そもそも終止形が（助動詞なしで、そのまま）表すことのできる「現在」自体が、ある面で「その他」、特殊な存在であると言うことはできる。過去・未来が現在を起点に、逆方向に無限の広がりを持つとして、「現在＝いま」というのは基準としての「点」である。過去、確定した現実としての連用形の世界の広がり、未来、および不確定な非現実としての未然形の世界の広がりと比較するならば、点でしかない現在はその両者から外れることになり、現在のみが両者に入らない特殊領域ととらえられることになる。これはあくまで一つのとらえ方であり、「説明しようとすれば、まあできる」という程度の話と受け止めて構わないが、いずれにしても未然・連用という表裏のほかに、第三領域「その他」として終止形が存在する。以降、助動詞個別の議論に移るが、そこで終止形接続の助動詞を扱う際に、「その他」ということの具体についてはあらためて考えることとする。

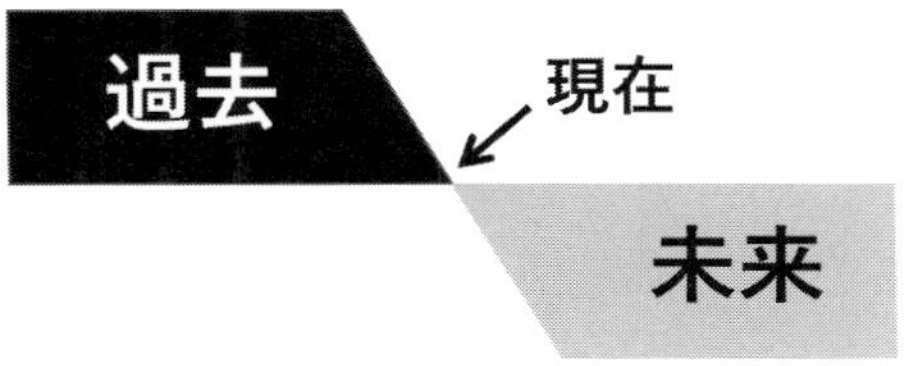

第2章　助動詞と、それが接続する活用形

　ここまで、活用形自身に意味を認める立場を紹介してきた。未然形・連用形それ自体が非現実・現実の表し分けをしていると見ることは、それと連動してその先に接続する助動詞の位置づけについても、学校教育とは異なった見方を要請することになる。

　ここであらためて、学校教育で「それぞれの助動詞が、どの活用形につくか覚えよう」と指導されていたころの世界観を、自覚的に確認しよう。動詞「飛ぶ」に、打消の「ず」や過去の「けり」がつく。このとき、下につく助動詞の都合に合わせて、動詞の側は「飛ば」「飛び」と形を変えるが、「飛ば」であろうと「飛び」であろうと、それは形が少し変わっただけで意味の違いはない。そこには「飛ぶ」そのものの辞書的意味があるだけである。これに対し、外から打消や過去といった別の意味を加えるのが助動詞である。と、このように考える限り、助動詞が接続する活用形に必然性はなく、助動詞が表す意味の全体にも必然性はない。どの活用形につき、どのような意味を表すのかについてはただそうなっているというだけで、個々の事実を受け入れ暗記するよりない。何しろ助動詞は動詞の外にあるのだから。

　対して、ここまで見てきた、活用形に意味を認める立場を確認してみよう。動詞の未然形と連用形は、非現実と現実の語り分けの形式であった。ということは、「飛ぶ」と「飛ば」と「飛び」は、この時点で意味が違う。助動詞というものを簡単に説明するならば、学校教育レベルでも「動詞の意味を細かく表し分けるもの」とされているが、その表し分けは動詞自身の活用形の選択から始まっており、それをさらに特定・限定するのが助動詞、と位置づけるのである。こちらの考え方では、助動詞の意味は、動詞と別個に、動詞の外にあるわけではない。たとえば未然形を選択した時点で非現実という意味が選択され、その「非現実」という意味は、より具体化すれば打消や意志・推量などの意味になる素、それらの意味に分化する前の素体としての意味である。結果的には「ず」が打消、「む」が推量を表し分けるが、それらの意味の芽は、動詞の活用形の側にある。その広すぎる意味を特定・限定するために助動詞が存在するようなものである。各助動詞は動詞の活用形が持っていた意味の個別化・具体化であって、それらの意味は活用形自体が持っていた意味の内に根拠づけられることになる。

【学校教育での活用形・助動詞観】

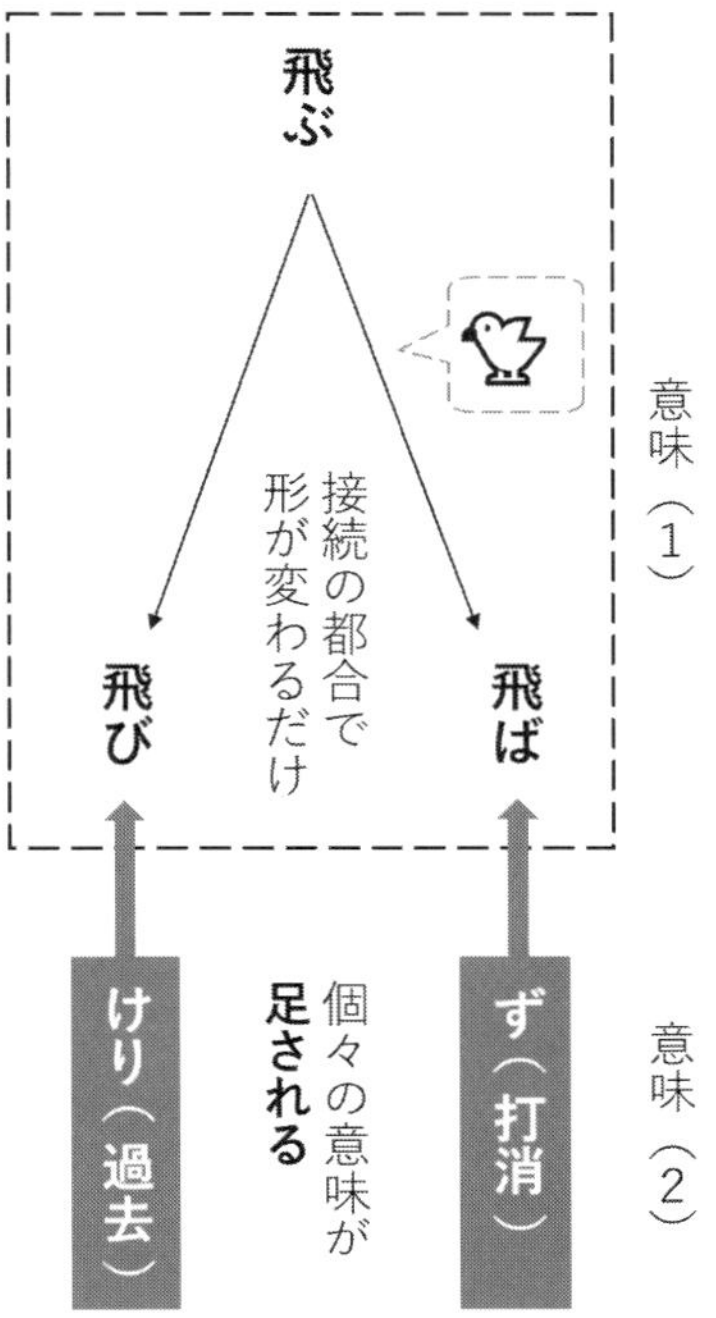
意味（1）
飛ぶ
接続の都合で形が変わるだけ
飛ば
飛び
意味（2）
ず（打消）
個々の意味が足される
けり（過去）

【本書での活用形・助動詞観】

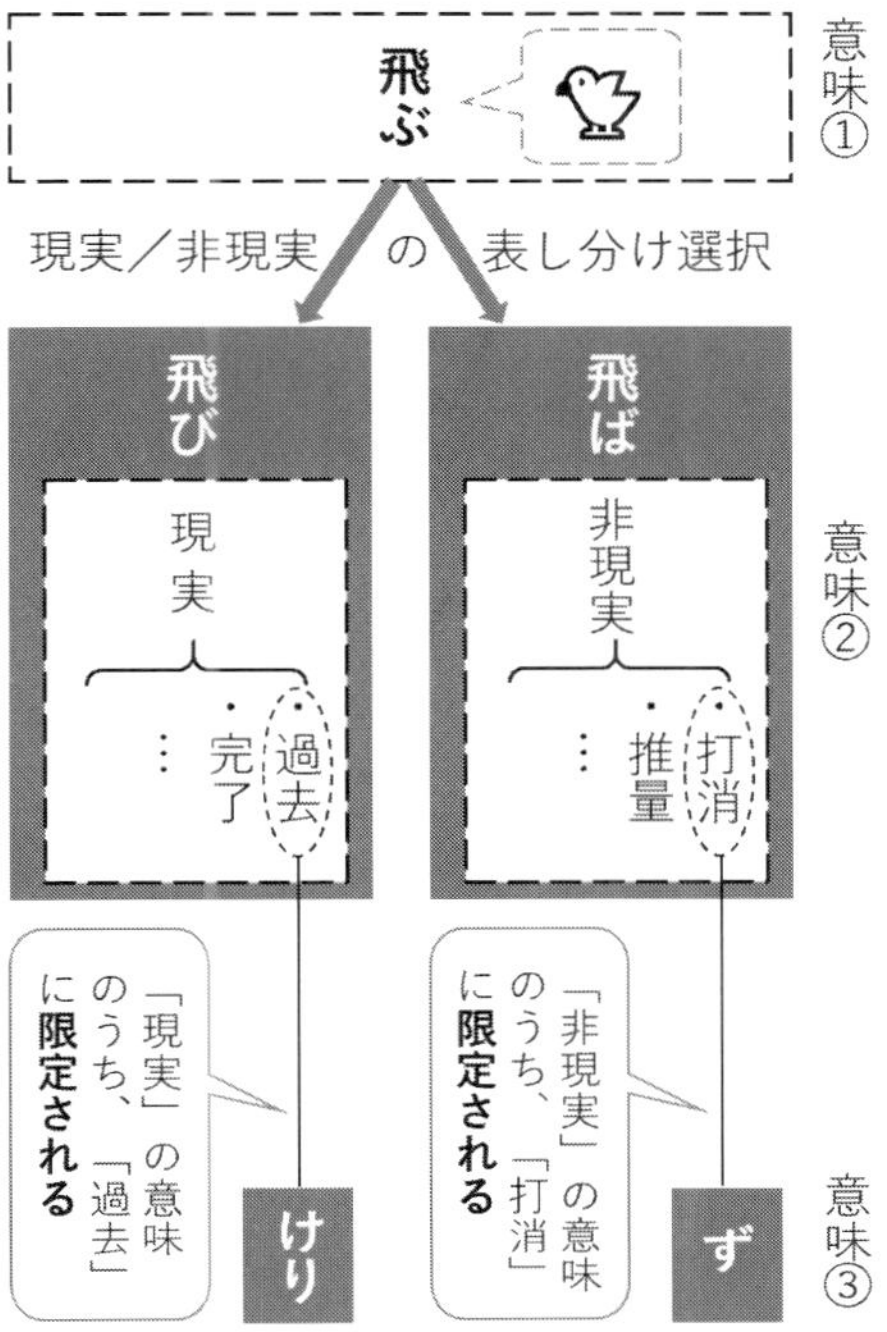
意味①
飛ぶ
現実／非現実の表し分け選択
意味②
飛ば
非現実
・打消
・推量
…
飛び
現実
・過去
・完了
…
意味③
ず
「非現実」の意味のうち、「打消」に限定される
けり
「現実」の意味のうち、「過去」に限定される

　言語の成立過程など知りようがなく、あくまでここでの話の理解のために都合よく想定した仮想原始時代の話であるが、言葉が生まれ、進化していく仮定を想像してみよう。まず、生まれたての言葉として活用も持たなかった頃を想定する。「飛ぶ」は「飛ぶ」としか表現しようのない段階である。この場合、今飛ぶことも、飛ばないことも、飛び終わったことも、「飛ぶ」としか言いようがない。それでも、動物のただの鳴き声から一歩踏み出して、飛ぶことと関連のことだという伝達ができるだけ、相当便利である。一度便利な道具を手に入れた人間は、貪欲にさらなる便利さを求める。すでに飛んだのか、まだ飛んでいないのかを表し分けたい。そこで「飛ば」と「飛び」の母音交代、すなわち活用による形態の差を生み、そこに意味の違いを宿らせる。これによりさらに昨日飛んだことは「飛び」、これから飛ぶことは「飛ば」と区別ができるようになる。これが活用の成立である。この段階では、今、飛んでいないという事実に対し、飛んでいないことを伝えるだけのときも、これから飛びたいときも、この先飛ぶつもりもないときも、「飛ば」と言うよりない。そこでそれらをさらに細かく表し分けるために「ず」「む」「じ」などの未然形接続の助動詞が整備されていく。この話は活用の成立・助動詞の成立の歴史的順序を主張するものではなく、活用と助動詞の位置づけのたとえ話程度に受け取っていただきたいが、このように活用形の一次的な表し分け＝［現実と非現実の区別］を前提とした、二次的な表し分けとして助動詞を位置づけるのが本書で紹介する世界観である。こちらの世界観からは、各助動詞は活用形自身が表し分けていた現実・非現実の語り分けのもとでのさらなる細分化として、体系化されることになる。そのような視点から、助動詞体系を眺め直してみよう。助動詞各論に先立ち、各活用形に接続する古典語助動詞の一覧を示しておく。そ

れぞれ接続活用形ごとにまとめ、学校教育での代表的な意味とともに掲げることとする。

助動詞一覧

【未然形接続】
ず――打消
む――意志・推量
じ――打消意志・打消推量
まし――反実仮想
まほし――願望
まうし――打消願望
＊る／らる――受身
＊す／さす――使役
＊しむ――使役

【連用形接続】
き――過去
けり――過去
つ――完了
ぬ――完了
たり――完了・存続
けむ――過去推量
＊たし――願望

【終止形接続】
らむ――現在推量
べし――意志・推量
まじ――打消意志・打消推量
らし――推定
めり――推定
なり――伝聞・推定

【連体形接続】
＊なり――断定
＊たり――断定
＊ごとし――比況

【已然形（命令形）接続】
り――完了・存続

この一覧からも、助動詞の接続は基本的に未然・連用・終止の3活用形にほぼ尽くされることが確認できる。本書においてここまで、助動詞が展開する前提としての活用形は、非現実としての未然形、現実としての連用形、「その他」とした終止形の三項対立であるとの見方を示した。これを助動詞の側からとらえ直すならば、その文で語られる事態の存在の仕方――その事態が現実のことなのか、現実にないことなのか――を起点とする、各種の表し分けをしているのが助動詞ということになる。助動詞は未然・連用・終止という活用形選択によってまず大きく語り分けられる事態のありかたを、より詳細に規定していく形式ととらえられる。そのような助動詞観からは、学校教科書において助動詞とされていたものの一部が外されることになる。上記一覧において「＊」のついたものは本書における「助動詞」からは除外されるものである。その個々の理由や事情については後述する。

1．「ず」「む」「じ」―「非現実」としての打消、意志・推量

まず未然形接続の助動詞、すなわち非現実を表すとされる形式から見直していこう。未然形接続の助動詞の主な意味は「ず」に代表される打消や、「む」に代表される意志・推量である。

非現実を表す、というのは簡単に言えば「ないことを語る」ということである。ごく素朴に考えれば、文を述べる際に、そのことを、あることとして語るか、ないこととして語るか。それが動詞の活用レベルで表し分けられる意味の出発点である。

さて、ないことを語るのはどのような場合であろうか。もっとも素直には現にないことを、そのままないと言う場合、これが打消である。さらにもう一つは、現にないことを、話し手が思い描いて語る場合、こちらが意志や推量である。このようにとらえるならば、非現実としての未然形接続の助動詞たちは、現になく、話し手にとっても「ない」打消系と、現になく、話し手の中には「ある」意志・推量系に分けられることになる。助動詞としては前者が「ず」、後者が「む」となる。

参考までに、平安仮名文学における助動詞の使用頻度を大まかに確認すると、助動詞の数は多々あれど、その半分は「ず」「けり」「たり」「む」で尽くされる（名詞にも接続する断定「なり」、および「る／らる」「す／さす」を除く。以降、各データは国立国語研究所『日本語歴史コーパス　平安時代編』より筆者が作成したものである）。ないことを語る形式として「ず」（打消）と「む」（意志・推量）、あることを語る形式として「けり」（過去）と「たり」（完了）が代表として位置づけられる。

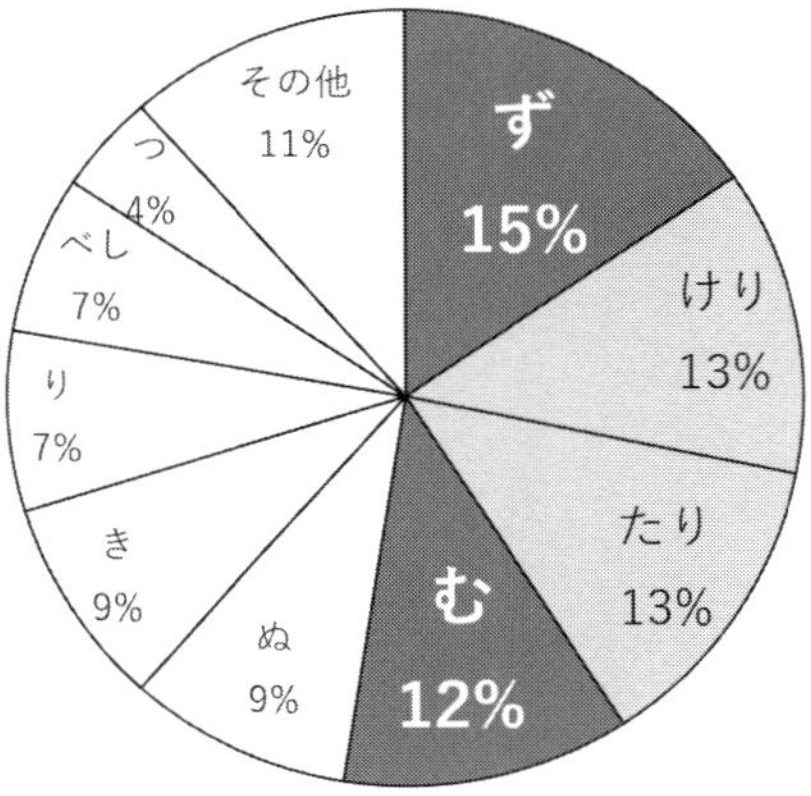

まずは、ないことの代表として、ないことをないと言う打消、実際にはないことを話者の中であらしめる意志・推量を足場として、助動詞の体系、助動詞が持つ世界を考えてみよう。以降、各助動詞の解説においては、高校古文で習ったことの復習と発展的理解にもつながるよう、古典文法の授業で触れられたであろう、活用や用法といった事項を、少し深い視点から再解釈してみる。同時に、各助動詞それぞれの性格を眺めるにあたって、ちょっとした小ネタを適宜差し挟んでいきたい。いずれも全体の体系には関わりのない話かもしれないが、そもそも全体の体系そのものが完全にはわからないものである以上、個別の形式を眺めるこ

とは、その先を自分で考えるためにも、各助動詞を、ある種の実感をもって感じるためにも、有益な無駄話だと思っている。

（1）打消の助動詞「ず」

ある意味で最も素直に非現実、ないことを語る形式として打消が位置づけられる。「走らず」というのは「走る」に打消の助動詞「ず」がついたもので、「走る」を打ち消している。学校の古典文法としてはこのような説明になろうし、その解釈で何の問題もないが、本書のように「未然形＝非現実」という世界観から、あらためて打消という現象を説明し直してみよう。「走る」ことを存在しないものとして語る形、「走ら」で描く。「走ら」自体が走ることが起こっていないことを示し、そのうえで、それを実現させよう（意志）としたりせず、そのまま起こっていないこととして語るのが「ず」である。「走る」を「ず」が打ち消すのではなく、「走ら」の時点で、現に走ってはいないことは示されている。「ず」はそれを限定、固定する。活用形と助動詞の関係を、このように考えていく。ちなみに、古典文法では伝統的に「打消」と呼ばれるが、英文法における「否定」と、意味するところは同じである。

「ず」の活用をめぐって

「ず」の活用に関しては、一般的な活用表を分解すると3系統に分けられる。まず、「ざら」「ざり」…という系統は、「ず」に「あり」を介した「ず・あら」「ず・あり」…が詰まった形である。これら「あり」を含む形を排除すると、残る活用形態は「ず」「ぬ」「ね」となるが、活用とは本来子音（行）を共通とした母音の交代であった。「ぬ」「ね」はナ行における母音交代、対して「ず」はザ行であり、行が異なる。これについては、より古くは、「ぬ」系統、「ず」系統それぞれ別語としての打消形態があったと考えられる。現在われわれが「古典語」と認識している体系は、そこに含まれる助動詞すべてが同時期に成立したものではない。古典語助動詞の中にも、平安時代時点で新しいもの、古くからあるものが混在している。打消というのは未然形が表しうる意味の中でも素直で基本的なものであり、述語全般においても最も基本的と言ってもよい意味である。その分、各種助動詞が発展していく歴史の中でも最初期から存在していた古参の助動詞と考えられる。より以前からの歴史的変化を経た形として平安語の中に存在しており、平安時代の文法体系の枠では収まらない形式になっている。

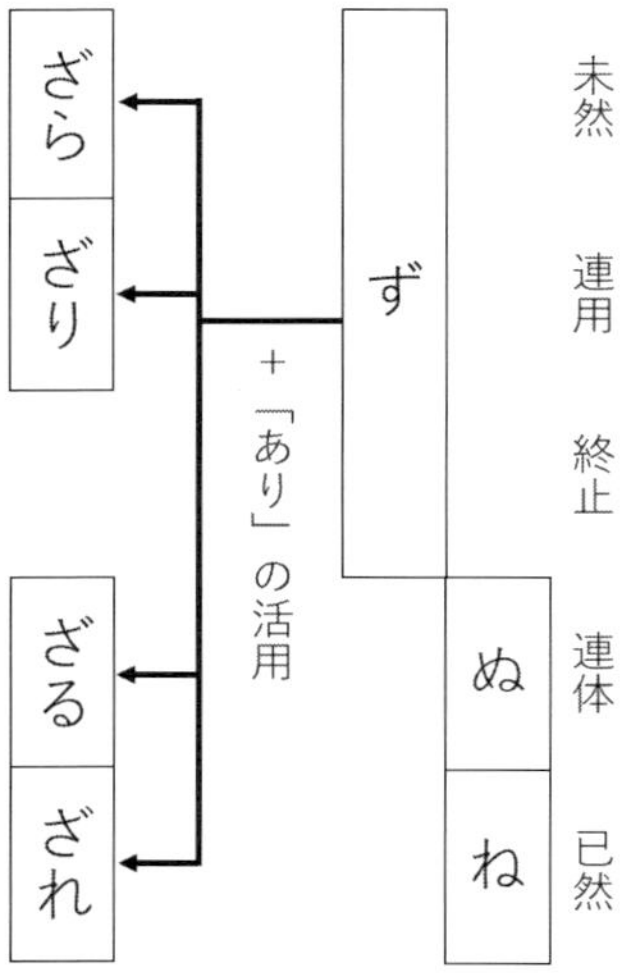

未然
連用
終止
連体
已然
ず
ぬ
ね
＋「あり」の活用
ざら
ざり
ざる
ざれ

（2）意志・推量の助動詞「む」

人間が、実際には存在しないことを、ただないということを越えて語る、その基本的な動機は、確と認識できないもののそうではないかと思い描く（推量）か、今はないことを自身の力で実現を企図し、その内容を語る（意志）、と考えられる。ないことをただないと語る（打消）のは、認識した世界を写し取るだけだが、言葉が言葉であることの有用性は、実際の世界とは異なる世界を作ることができる点にあり、ここにこそ言葉の自由さと奥深さが感じられるのではないだろうか。

現代語とのつながり

学校教育で助動詞の暗記に入る、習い始めの頃は、ただただ外国語のセットのように向き合うことが多いが、古典語は千年前の日本語である。ということは、現代語の形態と何らかにつながっているものもあり、そのようなつながりに気づくと言葉としての実感を持ちやすい。今更ではあるが、古典語助動詞「む」は、現代語の「〜しよう」の「う」とつながっている。

現代語とのつながりを考えるうえでは、「ここがつながっている」という共通点と同時に、相違点に気づくことも重要である。助動詞「む」の末裔である現代語の「う」は、意志・推量両方の意味を均等に表すのではなく、意志の形式に特化しつつある。推量の場合もあるにはあるものの、「台風が上陸したら、大雨にもなろう」というように、実際の使われ方を目にするとやや古い表現である印象は否めない。現代語において、助動詞「む」は意志表現としての「う」に受けつがれ、推量は「だろう」という別形式が分担するに至ったことがわかる。ただし「だろう」も「で・あろう」が詰まった形で、その「あろう」は「あらむ」の変化である。ここにも「む」は受け継がれている。

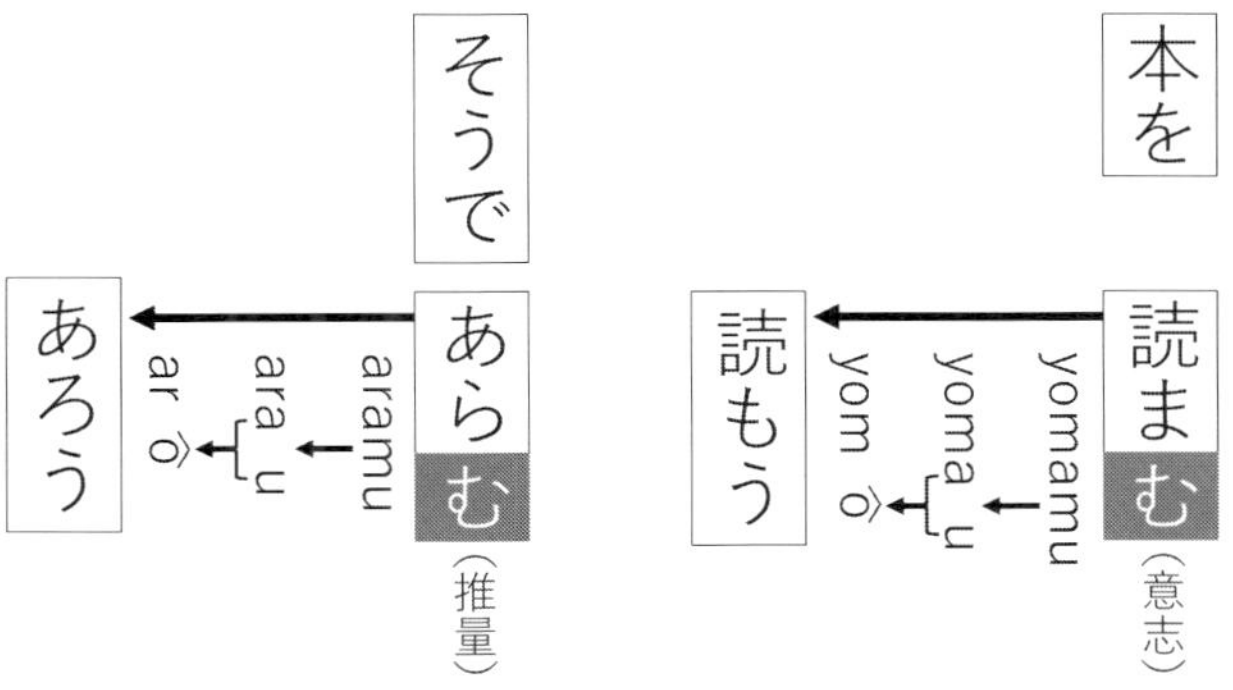

人称と意味―意志と推量

ところで、高校古典教育には、意志・推量という二つの意味の差を人称と関連づけ、一人称であれば意志、三人称であれば推量、として、意味と人称とを連動させる立場がある。確かに意志というものは自分でコントロールできる範囲内のものであるからして一人称の範囲にとどまり、「三人称の意志」というものはありえない。対して推量の場合は、三人称以外の推量も存在しうる。自分自身に対し「来年の私はどうしているだろう」などと、一人称の推量もありうる。よって、人称と意味の関係をより正確に記述すると、「意志であれば一人称」とは言えても「一人称であれば意志」とは言えない。二つの意味は、人称の別というより、自らの力で実現を企図するか、ただ思い描くかの違いととらえる方がよい。またそもそも、古典本文では主語が明示されないことが多く、人称の判別自体が困難であるため、高校生向けの受験テクニックとしても、人称を手掛かりに読解するのはさほど現実的ではない。

文末用法と文中用法

「む」には意志・推量のほか、「婉曲」などの別の意味が指摘されるが、これは文中で用いられる場合の意味である。上述のとおり意志と推量の違いを人称で外形的に振り分けることは不可能なのだが、「意志・推量」か「婉曲その他」かについては、「む」の出現位置が文末か文中かで区別が可能である。

「婉曲その他」、すなわち意志・推量〝ではない〟意味は文中で用いられる場合にしか出ず、逆に意志・推量は文末の場合にしか現れない。

とまれかうまれ、とく破りてむ。　（土佐日記）

［意志：破ってしまおう］

今日だに言ひがたし。まして後にはいかならむ。　（土佐日記）

［推量：どうだろう］

このように意志・推量の意味は文末用法においてのみ現れるのだが、ここで文末というのはかならずしも表面的に「。」の直前とは限らないことは注意しておきたい。同じく『土佐日記』冒頭には、意志の「む」が出現する。

男もすなる日記といふものを、女もしてみむとて、するなり。　（土佐日記）

表面上は「む」の後は「。」ではなく「とて」と続くが、これは引用であり、「女もしてみむ」までをカギカッコに入れ、「。」を打ってしまってもよい箇所である。このようなケースの大部分は引用「と」の前である。

さて、このように実質的には文末用法と言えるような例を除き、文中用法の「む」を見てみよう。

その山は、ここにたとへば、比叡の山を二十ばかり重ねあげたらむほどして…　（伊勢物語）

ここでは高さの表現として「比叡山を二十ほど重ねたくらい」と述べる

部分に「む」が使われているが、「重ねただろう」と推量しているわけでも、「重ねよう」と意志しているわけでもない。「重ねたような」と訳すのが教科書的には正解になろうが、それこそ先に訳したように「重ねたくらい」と「む」を無視してしまっても文意に影響はない。これが「婉曲」（ときに「仮定」や「適当」などと細分されることもある）などと呼ばれる、文中での「む」である。ここでの意味は「ような」と訳すように指導されるのが一般的だが、「こういう意味になる」というよりも、推量・意志の用法と比べて、こういう意味だと指摘しにくい、はっきりしない意味であることが最大のポイントである。

文中用法は現代語でも「〇〇さんともあろう人が…」の「〜ともあろう」に確認できる。ここでもやはり「おそらく〇〇さんだろう」というような推量性は感じられず、話し手にとってその対象が「〇〇さんである」ことは明確である。「〇〇さんでありたい」というような意志性も、もちろんない。「む」は、文中に入ると意志や推量とは言いにくくなり、どのような意味を表しているのか摑みにくくなる。文中の「む」は訳さず無視しても構わないくらいである。

だが、意志や推量のように、はっきりした意味が言い当てられないとはいえ、先の例文では「比叡山を二つ重ねる」という現実にはない事態を想定し、現代の「〇〇さんともあろう人」も、「〇〇さんである」と比べると、目の前の実際の対象を越えて、「いつもの〇〇さんだとしたら」「〇〇さんは基本的にこういうもの」という、ある種の「思い描き」が感じられる。助動詞は「意志」や「推量」を外から付け加える形ではなく、未然形自身が持つ非現実という意味を、ある方向に引き出し、限定・具現化する形である。婉曲と呼ばれるような用法まで含め、未然形自身が持つ「非現実」という意味をより個別化する方向での一つの実現形態と考えれば、この一つの形がこれらのさまざまな意味を表すことの説明が可能になる。「む」は、現実に存在しないことを、話者の中で存在させる非現実形式であり、存在しないことを、そのまま存在しないものとして語る「ず」と対を成しつつ、未然形＝非現実の世界を形成しているのである。

（3）打消意志・打消推量の助動詞「じ」

ないものをないと言う打消の「ず」、ないものを頭の中であると言う意志・推量の「む」の両者を未然形の代表とするならば、ちょうどその足し算？　中間？　として位置づけられそうなのが打消意志・打消推量の「じ」である。現代でも「負けじと…」というような表現にのこる「じ」。打消に「ず」、意志・推量に「む」があり、その両者を合わせたものとして打消の意志・推量を位置づけること自体は容易である。

なお多くの場合、「む」を打ち消したもの、というように「む」を起点に説明されることが多い。「む」「ず」どちらから説明しようと、両者の中間と考える限り大差はないのだが、形態面から考えるとむしろ「む」よりも「ず」を起点に位置づけたくなる。ザ行として「ず」と「じ」は共通であり、かつては「ず」のひとつの活用形ととらえられていた時期もある。

いずれにせよ活用の面では「じ」以外の形態を持たず、意味の面では「ず」と「む」の足し算でほぼ済んでしまうため、比較的地味な存在である。

2. 助動詞「む」を起点とした、推量表現体系

ないことをただそのまま「ない」という素直な形式（打消）と異なり、ないことを思い描く、言葉の世界で「ある」ようにする形式としての意志・推量は、その思い描き方にバリエーションを生じうる。ここからは「む」を起点としたバリエーションとして、他の未然形接続の助動詞を位置づけてみたい。

(1)「まし」「まほし」「まうし」―「ま」語形の展開

未然形接続の助動詞には、これまで見た「ず」「む」「じ」以外に、「まし」「まほし」「まうし」がある。これらの語頭音「ま」を共通項として取り出すことができる。活用というものを母音交代ととらえるならば、この「ま」に助動詞「む」との関連を見出す可能性が開ける。助動詞の「ず」と「じ」がザ行においてつながっているように。

さて、助動詞「む」の活用は一般には「〇／〇／む／む／め／〇」。已然形で「め」に母音交代するだけであるが、連体「u」、已然「e」という、型どおりの交代形式からは、実際には存在していなくとも、「a」に交代する未然形の姿が想定できる。ここで「まし」「まほし」「まうし」の「ま」を、助動詞「む」の未然形（のようなもの）ととらえることで、「む」との関連の中にこれらを位置づけることが可能になる。

未然	連用	終止（そのまま）	連体	已然
a	i		u	e
ま	〇	む	む	め

願望の助動詞「まほし」

願望の助動詞として「まほし」がある。意味が「願望」であるからして、非現実のことであり、この助動詞が未然形接続であることは納得がいくが、ここでも助動詞「む」とつながる形式として「ま」を想定しておくと、その意味の位置づけがより明確になる。「まほし」の「ほし」は「欲し」であり、「ま」は意志・推量の「む」とつながっている。「行かまほし」であれば「行かむ」（＝いまだ存在しない「行く」ということを思い描く）、それを欲している、それが「願望」と名づけられた「まほし」の意味そのものである。

なお、「まほし」の助動詞としての活用は、活用する部分である「ほし」が形容詞「欲し」由来であることからしても形容詞「欲し」そのままである。

「そうなるのイヤだな」の助動詞「まうし」

高校教育の範囲内では扱われないのが一般的だが、頭の中で思い描いたことを欲する「まほし」の対になるものとして、「まうし」という形式が、同時代に存在する。「む」で語られるような事態を想定し、それを「欲し」と望むのではなく、逆に「憂し」とそうなった場合を憂う形式である。「そうなるのはイヤ」、という感じの意味合いで、願望「まほ

し」に対して、打消願望とでも呼んでおこう。『源氏物語』であれば次のような場面が知られている。

この君の御童姿、いと変へまうく思せど、十二にて御元服したまふ。（桐壺）

源氏の君の童姿があまりにかわいいので、元服によって姿を変えてしまうことを想定すると、それは嫌だ、と思うのである。

『源氏物語』内でも7例、平安期の主要仮名文学作品（『日本語歴史コーパス』収録16作品）中にも13例程度しかないため、高校教育ではカバーされないが、「む」を起点に展開する助動詞として、「ま」語形を想定しておくと、そのように思い描いたことを望む／望まない、をそれぞれ表明する形式の体系が見えてくる。

反実仮想の助動詞「まし」

渚の院で詠んだとされ、教科書でも定番の在原業平の歌、

世の中にたえて桜のなかりせば春の心はのどけからまし

で知られる「反実仮想」の「まし」も、その語形に「ま」を含む。「まほし」「まうし」のように「欲し」「憂し」といった自立語を取り出すことはできないが、その分「む」＋何か、という以上に「む」そのものの変種と考える方が妥当であろう。

「まし」に関しては、現実・実現を志向しない「む」と位置づける。推量というのは基本的に、事実が明らかでないときに、その事実を知りたいと思い描くものであり、自身が想定したことが事実と一致するものであることを目指している。対して、反実仮想の場合は、事実とは一致しないことを知ったうえでの想像であり、この点が通常の推量と異なる。「まし」は意志を表現する場合もあるが、これについても多分にためらいを含むとされており、通常の意志がその実現を志向するものとして語られるのと比べると、やはりその実現への志向性が弱いといえよう。『源氏物語』では、夢枕に立った父帝に源氏が「身投げしてしまおうか」と吐露する場面があるが、ここに「まし」が用いられる。

この渚に身をや捨てはべりなまし （明石）

ここで「この渚に身投げでもしようか」とためらいを表明しているのだが、「む」で語っているのであれば「身投げしよう」という意志だが、「まし」で語られているということは「僕なんか死んじゃおっかなあ…（ほら、止めて、今止めるところ!・）」とでもいった感じの、本気度の低い、ポーズとしての意志表明に受け止められる。

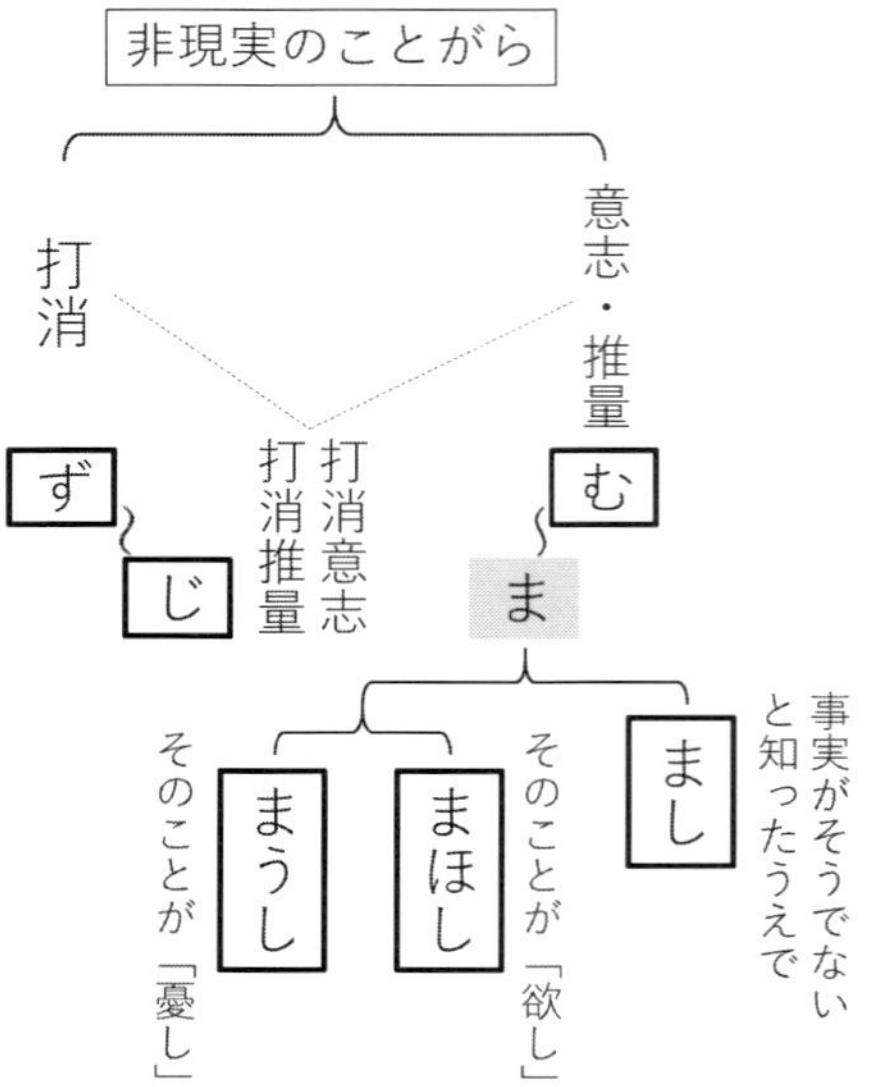
非現実のことがら
意志・推量
打消
む
ま
打消意志
打消推量
ず
じ
まし
事実がそうでないと知ったうえで
まほし
そのことが「欲し」
まうし
そのことが「憂し」

（2）「らむ」「けむ」——「む」語形系

推量の「む」に対し、現在推量とされる「らむ」、過去推量とされる「けむ」の存在が知られている。

ここまで「む」を起点とした展開としては、「ま」語形を想定し、その下に何かつく形として「まし」「まほし」「まうし」が位置づけられた。一方で「む」の上に何かつく形の展開として「らむ」「けむ」が位置づけられる。

「らむ」「けむ」の接続に関しては、「らむ」は「現在」推量だから終止形、「けむ」は「過去」推量だから連用形、といったんの説明を行ったが（**第1章4．助動詞にとっての活用形**）、ここではあとほんの少しだけ詳しく考えてみよう。

過去推量の助動詞「けむ」・現在推量の助動詞「らむ」

まず過去推量とされる「けむ」の、語としての成り立ちについて考えてみる。「けむ」という形態を構成している「け」に関しては、正確さは措くとして過去の助動詞「き」「けり」などの「き」「け」といったカ行音とつながっているという感覚が、共有されている。「けむ」は連用形接続であるが、「む」の上の「け」、過去とつながっているであろうこの「け」が、連用形接続をもたらしているものと考えられる。

一方、「らむ」の「ら」に関しては「あり」の活用語尾のラ行音とつながっているとされたり、場合によっては完了（存続）の助動詞「り」とつながっている（そもそも助動詞「り」自体が動詞「あり」とつながるのだが）と考えられたりする。これらは「らむ」を意味の面で現在推量ととらえ、「む」を推量とすると、引き算的な発想で、残る「ら」に「現在」があてはめられ、そこから「いま、ある」という存在の「あり」、あるいは存続用法（＝〜している）を持つ助動詞「り」と関連づけた説明が試みられた、と解釈できる。それらは感覚に沿った素朴な発想であるし、助動詞の構成と意味が対応していてイメージもしやすい。

過去の助動詞とつながりそうな「け」を持つ「けむ」、「あり」とつながりそうな「ら」を持つ「らむ」がそれぞれ過去と現在の推量を表し分ける。このように大雑把に位置づければ、体系の理解はしやすい。ただしこのように語構成を考えるにあたって、「つながる」というとらえ方にとどめている点に注意されたい。ここまで「まほし」の「ほし」を助動詞「む」と形容詞「欲し」を合わせたもの、ととらえたように、たとえば「けむ」を助動詞「けり」と助動詞「む」を合わせたもの、「らむ」をたとえば「あり」と「む」を合わせた「あらむ」から「あ」が消えたもの、と、より直接的に説明してしまう方法もありうる。しかし、このような形で語源を単純に説明することはそもそもの時点で無理を内包する。それは語「源」であるにも関わらず、そこにある語を組み合わせて説明することの無理である。たとえば「人間は猿から進化した」と簡単には説明できるが、人間のもとになった猿は、現在生息している猿そのものではない。便宜上「猿」と表現しているその猿は、今の猿と〝つながっている〟猿の祖先のようなものであり、今の猿そのものではない。それを、今いるニホンザルから人間ができると考えるのは正確ではない。が、大まかに「猿から進化した」と言われる、そのような意味合いで、「けむ」の「け」は過去の助動詞と「つながって」おり、「らむ」の「ら」が「あり」の活用語尾ラ行音と「つながって」いるものとしてとらえ、イメージしておきたい。その、つながっているとしたものが正確にはどのようなもので、どのようにつながっているかについては、それ自体が一筋縄ではいかない課題である。

3.「む」ならざる〝推量〟〝推定〟――終止形接続の助動詞の位置

ここまで意志・推量を代表とする（特に意味を一つで代表させるなら「推量」とされることが一般的である）、未然形接続の助動詞の体系を概観した。しかし一方で、終止形接続の助動詞群も「推量」あるいは「推定」として整理される。

具体的には「推量」の「べし」「まじ」、「推定」とされる「なり」「めり」「らし」である。これらはここまで見てきた未然形接続の「推量」に対し、何が異なり、どのような位置づけなのか。これまたその正確なところは知りえないが、なんとなくの感覚としてイメージされている部分をふくめ、その大まかな体系づけを試みたい。そもそも、未然形は非現実、ないことを語る形式、連用形は現実、あることを語る形式ととらえた場合、終止形とは何なのか。これらも「ないこと」だとしたら、未然形と何が違うのか。そもそもこれらは「ないこと」なのか。

（1）「べし」「まじ」――話者の個別性を超えた絶対性

「べし」「まじ」が表す意味

意志・推量（およびその打消）の助動詞としては、未然形接続の「む」「じ」のほかに、終止形接続の「べし」「まじ」がある。

ここで学校教育レベルでの「べし」「まじ」の意味を確認しておこう。「まじ」は「べし」の否定版ととらえ、「べし」で代表させることとする。

学校教育では「べし」も「む」と同様に、代表的意味での呼称は「推量の助動詞」とされる。ただし実際の意味は特に多く複雑なことで知られており、「スイカトメテ（＝推量・意志・可能・当然・命令・適当）」あるいは「カイスギトメテヨ（可能・意志・推量・義務・当然・命令・適当・予定）」といった頭文字を列挙した暗記法が語られたりする。しかし結局のところ、その大筋を押さえるのであれば以下の4パターンにまとめられる。

〈1〉意志・推量

多様な意味を認めつつも、学校教育では「意志・推量の助動詞」とまとめられるとおり、「べし」においてまず指摘されるのは意志・推量の意味である。

「宮仕へに出だし立てば死ぬべし」と申す。 （竹取物語）

これはかぐや姫が「宮仕えなんかに出したら死んでやる！」と抵抗している台詞で、先に「まし」の例としてみた、父に甘えながら身投げをほのめかす源氏と比べると相当強い決意が感じられる。

「かぐや姫、例も月をあはれがりたまへども、このごろとなりてはただごとにもはべらざめり。いみじく思し嘆くことあるべし」 （竹取物語）

こちらは推量の例であり、月を見ては嘆くかぐや姫について、周りの者たちが「これはよほどのことがあるに違いない」という感じに心配している場面である。

なお、これら「べし」の意志・推量は現代語の「～べきだ」よりも関東方言の「～べ」につながる意味として理解がしやすい。方言では「行くべ」（意志）、「だいじょぶだべ」（推量）といった表現があるが、これら「べ」は「べし」の末裔である。意志・推量の「べし」に関しては、機械的に意味を覚えるよりは、方言で「～べ」と言っているのと同じ、と思って読むと、意味が取りやすい場合が多い。

〈2〉可能

同じく『竹取物語』から、可能の例を見てみよう。

「世にたとふべきにあらざりしかど、この枝をおりてしかば…」 （竹取物語）

これは「喩えようもない」「喩えることができない」と解される例であり、可能の例と認められる。そもそも「可」の字を漢文では「べし」と読むことからも、「べし」と可能がつながっていることは理解できよう。

〈3〉妥当・適当など

竹取の翁がかぐや姫をみつけた出会いの場面で、翁はこのように言う。

「子になりたまふべき人なめり。」 （竹取物語）

子になるべき人、子になる運命の人、といったところで、意味の名称は「妥当」「適当」「予定」「運命」など複数ありうるが、それこそ現代の「～べきだ」にあたる意味としてとらえておけばよい。

〈4〉命令

「ごみ捨てるべからず」など、「べからず」で禁止表現であることは現代でも伝わるはずである。「ず」で打ち消した結果が禁止になるなら、打消「ず」を除いた「べし」自体は「命令」であることは納得できよう。

これらの意味は別個のものではなく、現在の「～べきだ」につながっていることからも、〈3〉を起点とした意味のバリエーションとしてひととおり把握できる。現代語の「～べきだ」の意味を「意志」「推量」などの、漢字2字程度のすっきりした意味で規定することは難しいが、一般的な意味での「推量」＝「私としてはこう思います」というよりは、「筋として、道理としてこう」というニュアンスが感じられよう。「本来であればこうあるべき」という「べき」は、自分個人の考えというより は、道理、本来の正しい世界のありようを語るものととらえておくと、「む」が表していた「推量」との違いが見えてくる。

「理論上そう」という意味と終止形

ひとまず上記四つに大別した「べし」の意味は、結局のところ〈3〉の「〜べきだ」＝「本来あるべき道理としてはこう」という意味に集約できる。〈1〉の意志・推量に関しては、実際どうなのか、理論上はこうだよな、と思うのが推量であるし、理論上あるべき姿はこうである、だからそうしよう、という行動への志向性を伴えばそれが意志となる。〈2〉の可能にしても、可能とは実際にやったかやらないかの問題ではなく、あくまで理論上成り立つ余地や能力があることである。〈4〉の命令は意志とほぼ同様で、「それがあるべき姿なのだから」、と自分で目指す（＝意志）のではなく、人に求めればそれが命令となる。

このように「べし」は、表面的には多様な意味の名前がつき、細分化されることになるが、現代の「〜べきだ」と同様、本質的には「理論上の望ましいありよう」を語るものととらえられる。

さて、「む」も「べし」も、表面上、もっとも単純化すると「推量の助動詞」としてまとめられる。となると、同じ推量でもどう違うのかということが、当然疑問として成り立つ。それをカバーするために、多くの高校教科書では「「べし」の方がより強い意味」という説明が簡単になされる。ニュアンスとしては確かにそうなのだが、だとすると今度は「む」に強意の「つ」「ぬ」を加え、意味を強めた「てむ」「なむ」と、「べし」はどちらが強いのか、というあらたな疑問が生じてしまう。

「む」（およびその打消の「じ」）と「べし」（およびその打消の「まじ」）の差は、強弱でイメージされがちだが、同じ意味の強弱ではなく、質的な違いがある。そしてそれが、そもそもの接続活用形の違い（未然形か、終止形か）を生む。端的には、「む」「じ」が「私が考えたこと」であるとしたら、「べし」「まじ」は私個人の考えというより、「誰が考えても、理論上、筋としてそうなること」であるという差だととらえておきたい。「私の主観を排して、理屈としてそう」ということが、「強い意味」と感覚されたことの実態であり、強意の「つ」「ぬ」はそれぞれ別途、「私の考え」を強めもするし（「てむ」「なむ」）、「筋としての話」を強めもする（「つべし」「ぬべし」）。

ここで一つの事例として、『源氏物語』の中から、動詞を「劣る」で揃えたうえで、「劣らじ」と「劣るまじ」を比べてみよう。

直人の上達部などまでなり上り、我は顔にて家の内を飾り、人に劣らじと思へる　（帚木）

「じ」が使われているここでは、成り上がった者が家を飾り立て、人に劣らないと〝自分では〟思っていることが描かれている。この後、「なり上れどももともとよりさるべき筋ならぬは世人の思へることもさは言へどなほことなり（成り上がりに対しては、世間の人は口先でもてはやしても思っていることは別だ）」と評されており、「人に劣らじ」はあくまで「本人がそう思っている」に過ぎず、周りはそうは思っていないことが明確にわかる例である。

人の装束、何かのことも、やむごとなき御ありさまに劣るまじくいそぎたつ　（藤裏葉）

対してこちらは明石姫君の入内が決まり、「高貴な人々に劣らないように」準備している場面である。こちらは「劣らない」ことは思い込みでなく、誰がどう見ても、劣っていることはあってはならない状況である。ともに現代語に訳してしまえば「劣らないように」で揃ってしまうが、私の考えとしてなのか、誰がどう見てもそうなのかという違いが感じられよう。

さて、このような把握に立脚して、「べし」（および「まじ」）の接続活用形を位置づけておきたい。「べし」およびその打消の「まじ」は終止形接続である。

助動詞が接続する活用形としては、意志・推量に代表される非現実としての未然形と、過去・完了に代表される現実としての連用形の対立が基本となるが、この二項対立で終わらず、そこに「その他」としての終止形が入り込む。

一般的な推量の「む」は「私が考えたこと」であるのに対し、「べし」は（私以外でも、誰が考えようと）「理論上のあるべき姿」であるととらえた。「べし」は個人の妄想というよりは、個人の考えを越えた、絶対真理のようなものである。現実か非現実かという尺度においては、「べし」が描く世界は、理論上の世界である以上、非現実である。ここで現実・非現実というものを「確かさ」という面からとらえ直してみたい。通常の非現実はいわば個人の妄想であり不確かであるのに対し、過去や完了といった現実はこの世界で確定しており、確かである。一方、「べし」の「理論上の本来の姿」というものの位置づけを考えるに、これはさまざまな偶然に左右される現実を越えて、喩えるなら「空気抵抗は考えないものとする」という場合に仮想現実として想定されるような、絶対的理想的な「正しい世界」である。その意味においては、現実以上に正しく、確かで、あるべき姿ということになる。この点においては「べし」は、他の連用形接続の助動詞を越えて確かで固い世界を表すともいえる。

このように、「理論上のあるべき姿」という意味は、「理論上の」という面においては非現実に過ぎず、一方で「確かさ」という点では個人の考えを越え、個別の偶然にも左右されない現実（というよりはそれを越えて確かな「真実」）ともいえる。このような特性から、「べし」（および「まじ」）は未然にも連用にも収まりきらない、「その他」に位置づけられるとしておく。

（2）「なり」「めり」「らし」―認識者から独立し得ない事実

終止形接続の助動詞としては「べし」「まじ」とは別にもう一群、「推定」とされる「なり」「めり」「らし」がある。

さて、ここでの意味「推定」とは、「推量」と何が違うというのか。「推量」との比較のニュアンスにおいて、「より確か」であるとか、「何か（見たものや聞いたもの）を根拠にして推量する」などと言われることがあるが、結局のところよくわからない。これらについては、明確に推定だ、と認定されたというよりは、推量というのもちょっと違うから、とりあえず「推定」と呼んでおこう、という程度の命名である。訳も連動してなんとなく「ようだ」と訳すことが一般化している。学校でこの「なり」を扱う際の定番として、『古今集』読人知らずの歌と、百人一首にも入っている『千載集』藤原俊成の歌を見てみよう。

秋の野に人まつ虫の声すなり　われかと行きていざとぶらはむ
［学校教育的な仮訳：秋の野に松虫の声がするようだ］

世の中よ道こそなけれ思ひ入る　山の奥にも鹿ぞ鳴くなる
［学校教育的な仮訳：山の奥で鹿が鳴いているようだ］

「推定」という用語には、一般的な感覚として、明らかでない実体を根拠に基づいて推論する、というようなニュアンスが含まれる。しかし、これらの例を「どうやら鳴き声がするようだ（違うかもしれないけれど）」と解釈することには、やや違和感を覚える。松虫が鳴いていないかもしれない、鹿が鳴いているのではないかもしれない、そのような可能性を含んだものとしてこれらの表現を受け止めることが果たして妥当なのか。

学校科目として古典を読む限りは、何も考えず「ようだ」で訳しておけばさして問題はないのだが、解釈・鑑賞としては「ようだ」でよいのかは疑問が残る。筆者の講義においては「よくわかんないんだけど…」という前置きのもと、いくつかの先行研究を断片的に、面白そうなところをつないで、与太話のようなことを話しているが、そういうつもりで、「推定」の助動詞について、ここでも脱線交じりに書きつけてみよう。

推定の助動詞と呼ばれているものの意味は、推定なのか。本当に何かを推定しているのか。

「人まつ虫の声すなり」「鹿ぞ鳴くなる」など、動物の鳴き声がする際に「なり」が用いられる例は多くみられるが、これらの表現に「どうやら鳴いているようだ」などという不確かさを読み取るのは自然であるまい。学校教育から離れたところでは「鳴いているのが〝聞こえる〟」と訳されたりする。明らかに松虫が、鹿が、鳴いている。そうでない可能性は考えていない。ただ、それを目で見ているのではなく、茂みから、遠くから、声だけが聞こえてくる。通常のように、目に見える動きとして「鳴く」があるのではなく、耳から認識できることとして「鳴く」がある。このように、事実・現実ではあるが、耳から認識したこととして語るものとして「なり」があると考えられる。

ではここでようやく、序説で紹介した『源氏物語』のこの場面について鑑賞してみよう。

弓弦いとつきづきしくうち鳴らして、「火危し」と言ふ言ふ、預りが曹司の方に去ぬなり。　（夕顔）

ここでの助動詞「なり」は目で見えることとではなく、耳から認識できたこととしての表現である。ドラマなどの映像媒体が存在しない古典の時代、読者は言語表現をもとに、情景を脳内再生する。楽譜を読んで脳内で音楽を再生するように、文を読んで脳内でその情景をドラマ化する。ドラマ化にあたってはカメラワーク等、演出に気を遣いたい場面がある。この場面は怪談風な情景であり、暗闇の中、「火の用心」という声、そして足音が、少しずつ小さくなっていく、そういう情景として脳内再生される。仮に「なり」がなければ、弓弦を打ち鳴らし「火の用心」と言いながら歩いていく男の姿が、そのまま可視化されてしまう。「なり」によって真っ暗闇のなか手探りで事にあたっていることがありありと感じられ、怪談としての怖さが演出として実現できる。

なお、「なり」には伝聞とされる用法もあるが、要点は「耳で認識した事態」ということで、耳から入ってきたものが音そのものであればいわゆる「推定」、言語による情報であればそれが「伝聞」である。

　このように「私の耳を通じて認識した」という認識過程が明示されるのが「なり」だと考えると、その認識過程が「私の目を通して」なのが「めり」、そして、見たり聞いたりではないが「私がそのように感じた」のが「らし」と位置づけできる。たとえば「夏が来た」という場合、夏は姿を持たない。「どうやら…」などという不確かさはなくても、気温の高さなどから「夏だなあ」ということを明確に感じたら「夏来たるらし」、セミの鳴き声から「夏だなあ」と感じたら「夏来たるなり」、一面のひまわり、入道雲を見て「夏だなあ」なら「夏来たるめり」。あくまでたとえであって言語事実としては正確さを欠くが、こんなイメージである。

　これらはその情景を脳内再生するにあたってのカメラワークや音響のような機能を果たす。さらに『源氏物語』より定番の「若紫」、源氏が若紫の祖母にあたる尼君を覗き見をする場面の「めり」を見てみよう。

　簾少し上げて、花奉るめり。中の柱に寄りゐて、脇息の上に経を置きて、いとなやましげに読みゐたる尼君、ただ人と見えず。四十余ばかりにて、いと白うあてに、やせたれど、つらつきふくらかに、まみのほど、髪のうつくしげにそがれたる末も、「なかなか長きよりもこよなう今めかしきものかな。」とあはれに見たまふ。（若紫）

尼君が花を供えているのが「見える」。「遠くて確認できないが、どうやらそうしているようだ」といわゆる推定として把握することも否定はしないが、ここでは「花奉る」が、単に事実としてではなく、（認識というものは視覚によってなされるのがそもそも最も一般的ではあろうが、あえて）「目に映ったこと」であると積極的に語る形式として、味わってみたい。花をお供えしているところが見える。そしてその先の地の文も「ただ人と見えず」「あはれに見たまふ」と、源氏が見ていることを明示した表現が続く。ここでは単に情景を外から描写するのではなく、覗いている源氏の視点でその世界を再生する。そのような効果をもたらすものとして、「めり」が働いているものととらえたい。

　「推定」とされてきた「なり」「めり」「らし」は、「そのように聞いた・見た・感じた」ことを語る形式と把握する。そうするとこれらはむしろ、非現実を語る推量とは違って、そのように把握した現実を語ると言うこともできる。三者のうち特に「めり」に関しては、推定と呼ばれてきたとおり、ある種の不確かさや婉曲性が感じられる場合も多い。ただそれは見えたものをわざわざ「私にはこう見える」と言うからには、その動機として、私以外からの見え方は異なるかもしれないという可能性を意識している場合があるということであろう。ただし、そのような場合も含め、不確かであることが意味の中心なのではなく、「私がそのように見聞きした」ということに焦点の当たる形式だと考えておく。

　ここまで「その他」としての終止形接続の助動詞を、（a）話し手個人の考えを越えた絶対真理としての「べし」「まじ」、（b）話し手の認識を通しての事態であることを濃厚に伝える「なり」「めり」「らし」の2系統に分けて、それらが終止形接続であることの意味づけを試みた。終止形接続の助動詞は、未然・連用に対する「その他」でしかなく、明確な共通性は取りにくいものだが、一つの試みとして、「話者自身が、表現される意味に入り込むか」という物差しを導入して、「べし」「まじ」系統と「なり」「めり」「らし」系統が終止形接続であることの意味を考えてみたい。
「なり」「めり」「らし」は「私が感じた」ということを積極的に明示する形である。感じた自分の存在、自分がそのように感じたことそのことが、これらの助動詞の意味と密接に関わっている。「私が見聞きした」という意味合いを伝える必要がなければ、助動詞なしか、あるいは連用形の過去・完了表現を使えば事足りる。「なり」「めり」「らし」の表現からは「語っている私」の存在が切り離せない。この点、未然形接続の助動詞が表す意味と近いものがある。未然形・非現実の世界、たとえば推量という意味は、その推量内容とともに、「私が考えたことです」という意味合いを切り離すことができない。「私が考えた」ということを含みこんではじめて、推量という意味は成立する。対して、その「私」の存在を離れても意味が自立するのが連用形の世界である。連用形・現実の世界、すなわち過去や完了という意味においては、「それを現実と認識した私」のこと、「誰かがそれをそのように認識した」ということを考えずとも、過去の事実、完了した事実は意味として伝わる。言語表現をする以上は、それを認識し、言葉にした話者が存在するはずだが、その存在を捨象してしまって、内容としての出来事のみを語るものとして、その意味は成立する。「私がそのように認識しました」という、認識者・話者としての「私」は、言葉の意味から消えてしまってよい。

　このように考えるならば、未然形の助動詞は非現実であるとともに、それを考え、語る者の存在が切り離せない。連用形の助動詞は現実であり、同時にそれを認識し、語る者の存在を消して内容だけを独立させられる。こうしたきれいな連動を崩すものとして、終止形接続の2群が位置づけられる可能性がある。

　ここで見た「なり」「めり」「らし」は、現実であるにも関わらず、その意味の性質上、それを認識し、語る者の存在を消すことができない、むしろ積極的に「私の耳に聞こえた」「私の目に映った」「私が感じた」ということを塗り込める形と位置づけられる。対して「べし」「まじ」は理論上のことを語るにも関わらず、そのように考える私の個別性は問題にならず、むしろ誰が考えてもそう、といえるものとして、「道理としての事実そのもの」を語る。このような対称性に、終止形接続の助動詞群の特殊性の一端を見ることができる。

	表現した者の存在を無視できる	現実のできごとである
連用形（過去・完了など）	○	○
未然形（意志・推量など）	×	×
終止形（べし・まじ）	○	×
終止形（なり・めり・らし）	×	○

4.「現実」としての過去・完了

非現実としての未然形に続き、前節では現実としての連用形に先んじて終止形接続の助動詞が形作る世界を概観してきた。ないことを語る未然形には打消、意志・推量、その変種としての願望や反実仮想といった種々の助動詞が展開する。「その他」領域としての終止形では未然形による意志・推量とは異なり話者の存在を捨象できるものや、逆に話者の認識から離れられない現実など、いずれも多様性があった。それはないことをわざわざ語るという未然形の特殊性、「その他」ゆえの特殊性であった。

残るは現実を語る連用形接続の助動詞である。ただ「あることを写し取る」のではないが故にさまざまな外れ方をしてきたこれまでの助動詞とは異なり、こちらは現にあることを写し取るわけで、「つ」「ぬ」「き」「けり」など、個々の形態は数あれど、それらが表すのは単に現実の写し取り、基本的に「過去」「完了」に尽くされる。

(1) 過去と完了の違いと、現代語

「つ」「ぬ」「たり」「り」「き」「けり」…と過去・完了とされる助動詞は多様にあるが、訳すとなると「飛びつ」「飛びぬ」「飛びたり」「飛べり」「飛びき」「飛びけり」いずれも基本的に「飛んだ」という訳にまとめられる。しかし一方で意味の名前となると、あるものは「完了」、あるものは「過去」と、訳は変わらないにも関わらず振り分けられる。

「過去」と「完了」がどう違うのかというと、カテゴリー、物差しの違いということになる。たとえばものの大きさを語るにしても、「広い」(面積)と「長い」(長さ)は別、というようなものである。「過去」も「完了」も時間の表現であるが、「過去」は「現在」「未来」と並ぶような尺度で、年表・時間軸上での位置づけである。対して、「完了」というのはそれとは別個の、動きのはじめ―真っ最中―終了、といった各局面のうちの一つであり、「進行」などと並ぶ意味である。だからこそ英語においては「現在進行」「現在完了」「過去進行」「過去完了」など、現在・過去と進行・完了は別次元で共存するが、「現在過去」など、同じ物差しの意味は共存しない。古典語助動詞に対し「過去」と「完了」と言われても、違いが実感できないという戸惑いは、英語で現在完了を習ったときのしっくりこなさと同じようなものと受け止めておくと、多少はあきらめがつくかもしれない。英語では過去形 -ed を習った後、現在完了 have＋過去分詞を習うが、結局訳すと「〜した」にならざるを得ず、何が違うかわかりにくかったはずである。

理屈ではこう違うと説明されても、結局のところ実感としてはわかりにくい。それは、現代日本語が、助動詞「たり」の末裔の「た」しか残さなかったからである。

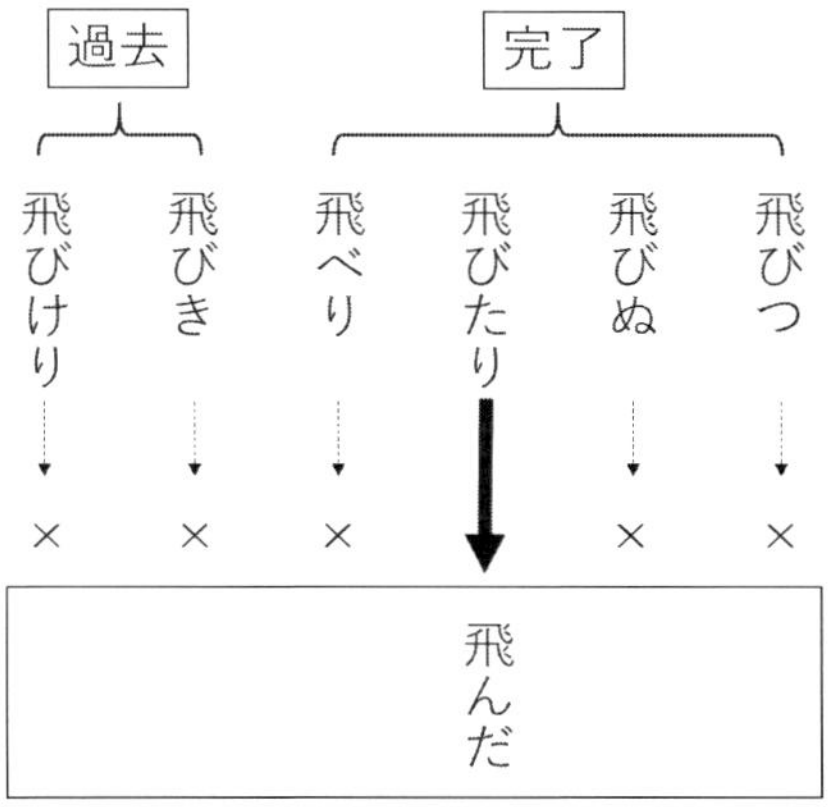

古典語において多様な形式で表し分けられていた過去・完了に関する意味は、現代では「たり」由来の「た」だけに集約されてしまっている。完了の中でも、「つ」や「ぬ」など、形式の違いによって表し分けられていた意味が失われたのはもちろん、過去と完了の区別もできなくなっている。現代語の感覚からすれば、古典語は現在のわれわれが想像できないような細かい表し分けをしていることになるし、古典語の感覚からすれば、現代のわれわれは、すでに起こったことに対し、あまりに粗雑な表現しかしていないことになる。「たり」→「た」という一つの形式しか残さなかった現代のわれわれは、過去と完了の区別すら持たない。平安貴族が英語を学んだとしたら、過去形は「けり」みたいなものね、現在完了は「たり」みたいなものね、と理解できるかも、などと妄想を膨らませるのも悪くはない。

（2）「き」「けり」――過去表現形式の棲み分け

「き」の個別性――直接体験した過去？

「き」「けり」はともに過去を表すが、「き」に関しては直接体験した過去を語るとされる場合がある。教科書によっては、これに対し「けり」の側を伝聞による過去とする場合もある。ただし「き」「けり」のすべてに、この差が見られるわけではない。過去の形式が二つある場合に、ちょっとした意味の棲み分けをする感じ、カフェオレとカフェラテのようなものだと思っている。「カフェオレ」（フランス語）も「カフェラテ」（イタリア語）も、どちらも語構成としては［コーヒー＋牛乳］だが、日本語の中で併存していると、「カフェラテ」の方がエスプレッソベースに泡立てたミルク、「カフェオレ」は普通のコーヒーとミルク、というように棲み分けがされたりする。しかもその棲み分けは絶対というわけでもなく、お店によって出てくるものはまちまちである。この分業は語自体にその根拠はなく、日本語の中で同じような意味の語がたまたま二つ併存していたことからの結果的な棲み分けである。これと一緒ぐらいにとらえておくのがちょうどよい。

なお、「き」を直接体験の過去という以上に、「けり」を伝聞過去というのには例外が多く出る。この分類は直接体験したか、していないか（＝伝聞）できれいに二分する発想だが、むしろ「き」の側を、特に直接体験したことを語るものとして、「けり」の側はそういう特別な意味のない「普通の方」ぐらいに意識しておく方がよいだろう。各テキストの性質の差にもよるが、平安期の主要仮名文学作品全体としては、過去の助動詞の出現頻度は「けり」と「き」で7対3程度であり、一般的な過去の表現は「けり」の側である。

「き」についても直接体験と限定するには例外も多く、そのことが「き」の本質とも思われないが、ある程度の棲み分けがなされているのも事実であり、そのような観点から古典本文を読み比べてみるのも楽しみの一つになりうる。ここで学校教科書の定番、『伊勢物語』から「東下り」として取り上げられる第九段と、『大鏡』から「花山天皇の出家」として取り上げられる箇所を比較してみよう。

昔、男ありけり。その男、身をえうなきものに思ひなして、京にはあらじ、東の方に住むべき国求めにとて行きけり。もとより友とする人、ひとりふたりして行きけり。道知れる人もなくて、惑ひ行きけり。

（伊勢物語）

このように古典の昔話は基本的に「けり」で進行する。伝聞であるということを明示するというよりは、普通の過去、自分が見ていまいとニュース原稿を読むように過去の出来事を読み上げるようなものとイメージすればよい。こちらを普通とすると、『大鏡』では、一般的な物語に比して「き」が多いことに気づく。

次の帝、花山院の天皇と申しき。…あさましく候ひしことは、人にも知らせさせ給はで、みそかに花山寺におはしまして、御出家入道せさせ給へりしこそ。御歳十九。世を保たせ給ふこと二年。その後二十二年おはしましき。

（大鏡）

『大鏡』の語りは、老人が自身の見聞きしてきた昔話をしているという設定である。このことと「き」による過去の表現が多いことは無関係ではない。過去の助動詞「き」と「けり」の使用状況を作品ごとに簡単に比較すると、『大鏡』では「き」の方が「けり」よりも多いという珍しい状況がうかがえる。

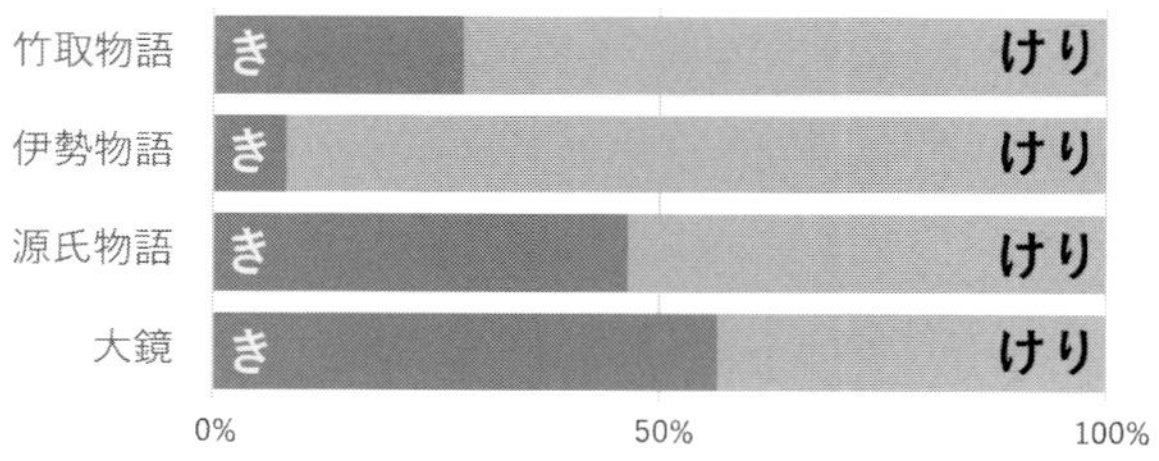

現代に伝わる唱歌でも、「ふるさと」の歌詞には「うさぎ追いしかの山」と「き」の連体形「し」が出現する。これも、もし「うさぎ追いけるかの山」だと他人事っぽくなり、自分の思い出を懐かしむ感じが薄くなってしまいはしないだろうか。

「き」の活用

「き」の活用は特殊である。高校で習った古文をほとんど覚えていなくても「せ／○／き／し／しか／○」という呪文だけは覚えている、という人も多い。これは「き」の活用が他と違って特殊だからこそである。「き」の活用は母音交代だけでは済まず、終止形がカ行の「き」、それ以外はサ行の「せ」「し」「しか」であり、行をまたいでしまう。これは助動詞「ず」において指摘したのと同様の特例である。実はカ行とサ行にまたがる活用としては、形容詞（終止形：サ行「―し」、連用・連体：カ行「―く」「―き」）がそうである。このような現象の先に何が見えるかは、もはやロマンの世界であるが、いつかは解き明かしたい、魅力的な謎である。

詠嘆の「けり」

「普通の方の過去」とした「けり」に関しては、過去のほかに「詠嘆」の意味が指摘されることがある。主に会話文や歌などの場合で、過去という時間的意味より、そのことに「今気づいた」というようなニュアンスが前面に感じられる。むしろこの「気づき」の側をこそ「けり」の意味の本質とする向きも多い。教科書でもよく触れられる、『万葉集』山部赤人の

　田子の浦ゆうち出てみれば真白にそ富士の高嶺に雪は降りける

も、過去の事実として「雪が降った」ことを語っているというよりは、ちょうど目に入った富士山に、雪が降り積もっていることに「今、気づいた」という感じである。

『源氏物語』より、「き」と「けり」が併存する場面を見てみよう。すでに亡くなった源氏の父帝が、夢枕に立って語る場面である。

　我は位にありし時過つことなかりしかど、おのづから犯しありければ、
　その罪を終ふるほど暇なくて　（明石）

自分自身が存命中、帝の位にあったときに、間違いをおこしたことはなかったが、知らず知らずのうちに犯した罪があったために、死後その罪を償っていたというのである。ここで自身の記憶、自己認識としての「在位中」「罪を犯した覚えはない」ということについては「位にありし」「過つことなかりしか」と、「き」（の連体形・已然形「し」「しか」）が用いられており、「気づかないうちに罪を犯していた」（ということを死後気づかされた）ことについては「犯しありければ」と「けり」が用いられている。

（3）「つ」「ぬ」―完了と強意

完了の助動詞としては、「つ」「ぬ」のセットと、「たり」「り」のセットとが存在する。両セットは完了の意味を共通としつつ、前者は「強意」、後者は「存続」の意味を持つことが知られる。

強意

助動詞「む」「べし」が下接した「てむ」「なむ」「つべし」「ぬべし」

の「つ」「ぬ」は強意とされる。「む」であれ「べし」であれ、まだ終わっていないことと「つ」「ぬ」が共存しているわけで、この場合は文字どおりの意味で完了ととらえることはできない。これらに関しては、その事態が終わったことを示すのではなく、意味を強めているだけと解される。

　そもそも完了の訳としては「〜した」のほかに「〜してしまう」が充てられることがあるが、この「〜してしまう」という意味は、現代においても単に完了という時間的意味とは別に、残念な感じなどの情緒的意味をもたらす。「やめろ」に対し「やめてしまえ（やめちまえ）」という言い方は、事態の完了を命令しているというよりは、ただ命令をきつくしたものと感じられる。われわれははっきりものを言うことを好まないせいか、完了にきつさを感じやすい。そのため、情緒的に、きつく表現するために完了形式が使用される。きつさの表現として使われるのは「む」「べし」が下接する場合に限らない。『源氏物語』では須磨にいる源氏の夢枕に立った父帝が、源氏にここから去るよう勧める場面があるが、ここに「ぬ」による命令が用いられる。

「住吉の神の導き給ふままに、はや舟出してこの浦を去りね」とのたまはす。（明石）

ただ「去れ」と命令するよりも、きつい言い方で、強く勧めているのである。

「つ」と「ぬ」の違い

「つ」と「ぬ」はどう違うか、実態を明らかにすること自体が研究課題であるが、それぞれがつく動詞に傾向差があることが知られている。「つ」は意志的、動作的、対して「ぬ」は無意志的、変化的な動詞につくという対称性である。あくまで傾向であって、実際には例外も多く含まれるものの、古典を読み慣れた者にとっては「秋も過ぎぬ」に対し「秋も過ぎつ」は実際落ち着きが悪い。また現代に残る「組んづほぐれつ」という表現は、「組む」「ほぐれる」に助動詞「つ」を下接させた形だが、これらは意志をもって動く運動である。

　参考までに、『日本語歴史コーパス』平安時代編において助動詞「つ」「ぬ」それぞれの上接動詞（敬語として使用可能な「給ふ」等は除く）の上位語を集計すると左のようになる。

	ぬ	つ
1位	なる	あり
2位	来	す
3位	あり	見る
4位	過ぐ	思ふ
5位	止む	言ふ
6位	果つ	なす
7位	入る	来
8位	立つ	遣る
9位	出づ	過ぐす
10位	経	見ゆ

無意志・変化の代表である「なる」が「ぬ」と接続し、意志・動作の代表である「す（する）」が「つ」と接続するのが象徴的である。

(4)「たり」「り」─存続から完了へ

先述のとおり、「たり」は現在の「〜した」の祖先である。後で詳しく述べるがその形態には「あり」を含む。そして「あり」を含むという点においては「り」も同様である。

「存続」

「たり」「り」に関しては完了（〜した、してしまう）とは別に「存続」と呼ばれる意味（〜している）に解される場合がある。「たり」は「て・あり」が詰まったもの（走り・て・あり→走りたり）、「り」は「あり」が詰まったもの（走り・あり→走れり）で、ともに「あり」を含んでいる。これは現代で存続を表す「ている」（て＋いる）と、ほぼ発想を同じくする。「走る」が存続していることを現代では「走っ・て・いる」と表現し、古典語では「走り・て・あり」と表現する。素直に「その動きが存在する」という意味の足し算でもって存続、よりなじみのある言い方では〜ingにあたるような進行を表すのである。

さて、現代では、過去と完了の区別をもたない「た」に対し、「ている」が存続を表す。だがこの「た」は「たり」由来であって、「たり」は「てあり」、現代の「ている」とほぼ同じものであった。

簡略化すると図のとおり、完了形式に対し、「ある」「いる」といった存在を表す語をベースとした存続形式が生まれるが、存続として生み出されたその形が完了の意味にまで広がり、完了側にずれていく。そこで再度、同じような発想で存続の形が生み出される。そのような大きな流れの中で、「古典文法」として学ぶ時代（すなわち平安期）は、完了としての「つ・ぬ」、存続としての「たり・り」が併存しつつ、その「たり・り」が完了もすでにカバーし、主流化しつつある時期であるといえる。

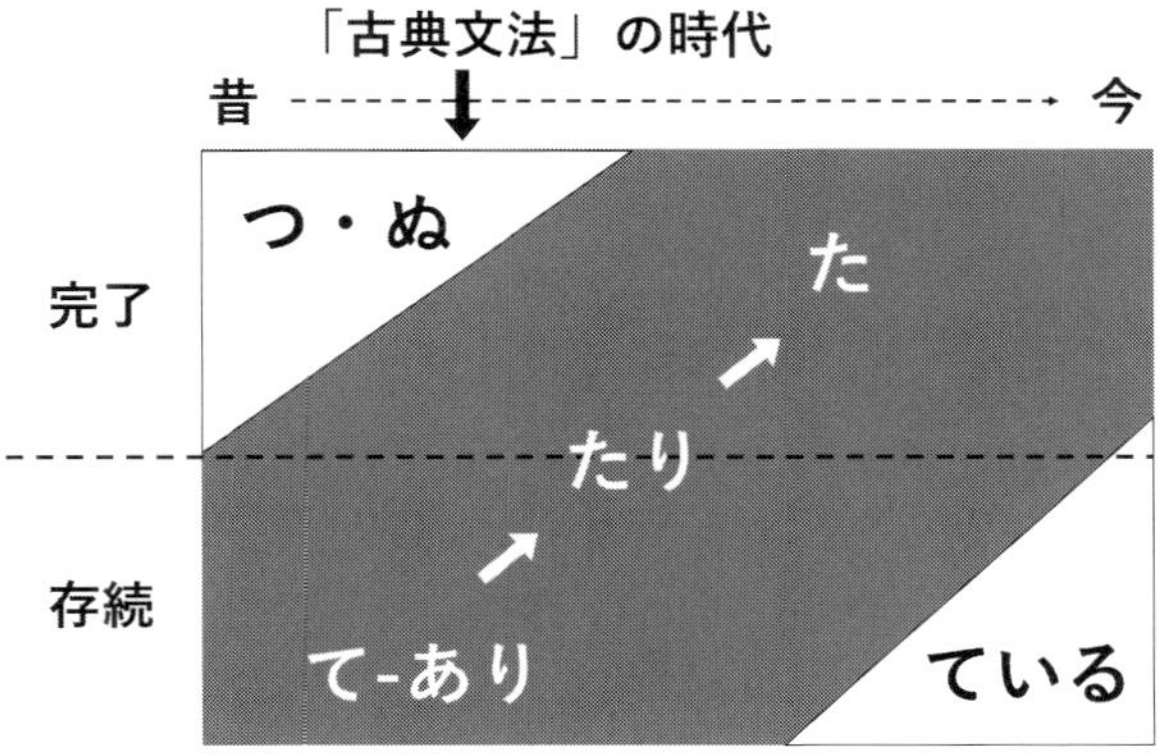

『日本語歴史コーパス』収録作品における「つ」「ぬ」「たり」「り」の使用状況を時代ごとにまとめてみると、大きな流れをつかむことができる。これもそれぞれのテキストの性質差によるところもあるが、全体を引いた目で見れば、奈良時代（データとしては『万葉集』だけだが）では「つ・ぬ」の方が優勢、ちょうど古典学習の中心となる平安期は「たり・り」が「つ・ぬ」と拮抗し、さらに優勢に転じており、それゆえに

「完了の助動詞」として覚えるべきものが多様で厄介な時代であった。その先は「たり」が伸びてゆき、室町時代ごろには「たり」が現代と同じ「た」という形になった例が多くみられるようになり、現代のありかたにつながっていく。

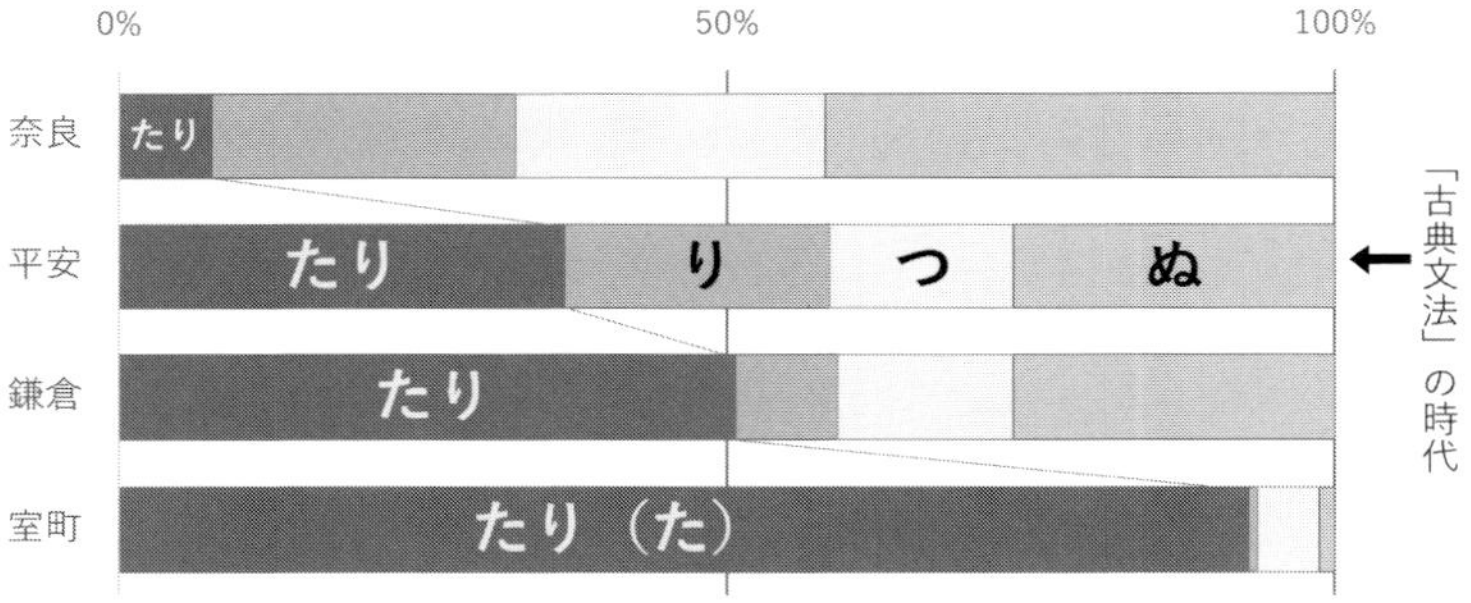
0%
50%
100%
奈良
たり
平安
たり
り
つ
ぬ
鎌倉
たり
室町
たり（た）
「古典文法」の時代

「已然形接続」とされる「り」

最後に「り」の接続についてカバーしておきたい。これまで過去・完了、すなわち現実に起こったことについては連用形の領域であると把握してきたが、完了の助動詞「り」については、四段活用の動詞に対しては已然形（または命令形）、サ変動詞に対しては未然形に接続する（四段「飛ぶ」であれば「飛べ―り」、サ変「す」であれば「せ―り」）とされる。しかしこれは、学校教育の枠組みの都合による面が大きく、「り」が已然形に接続するという事実を、他と違って特殊な接続ととらえる必要はない。

本来助動詞「り」は連用形に「あり」が下接したもので、「たり」が「て・あり」と「て」を介して接続しているところを、「て」を介さず直接「あり」が接続しているにすぎない。この点において、本来の原則どおり、連用形に接続しているのだが、連用形の語末母音「i」と「あり」の「a」が融合して「e」を構成する。結果、図の「飛べり」を例にとるならば、もとの動詞「飛ぶ」の切れ目は「べ」の上半分ということになるが、ここで切って単語認定するわけにもいかない。そのため、「飛べ」と助動詞「り」、と便宜上分割することになる。つまり、この「飛べ」という切り方自体が、処理上の方便である。そしてこのように想定された「飛べ」という形に対して、活用形は何形か、教育上、規定しないわけにはいかないから、「飛―ば／び／ぶ／ぶ／べ／べ」より、「飛べ」という活用形は已然形また命令形ということになる。半ば後付けの、枠から要請された説明である。

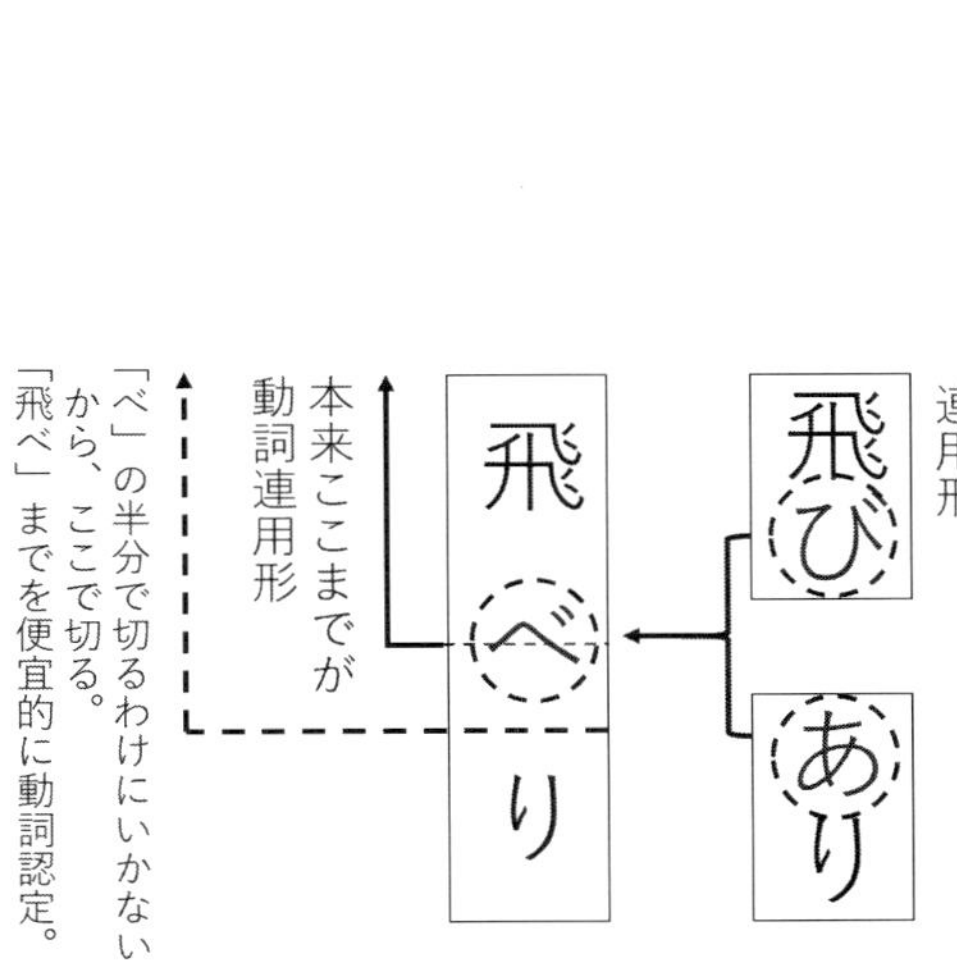

5．ここまで扱われていない「助動詞」

（1）「たし」—成立時期の違い

「まほし」と同じく願望の助動詞として高校教育では「たし」が挙げられるのが常である。

「たし」はその形から想像がつくように現在の「〜したい」の祖先であるが、「行きたし（→行きたい）」のように連用形接続である。未然形と連用形を非現実と現実の語り分けとする本書の立場からは、非現実に属すると思われる願望が、連用形接続というのは原則から逸脱することになる。これについては、年代差の問題として説明可能である。平安期の願望表現は「まほし」が一般的であり、「たし」はもっと後の時代にならないと使用されない。願望表現として「たし」と「まほし」の張り合いを簡単に比較してみると、鎌倉時代になってから「たし」がよく使われるようになり、室町時代以降、「まほし」にとって代わる。

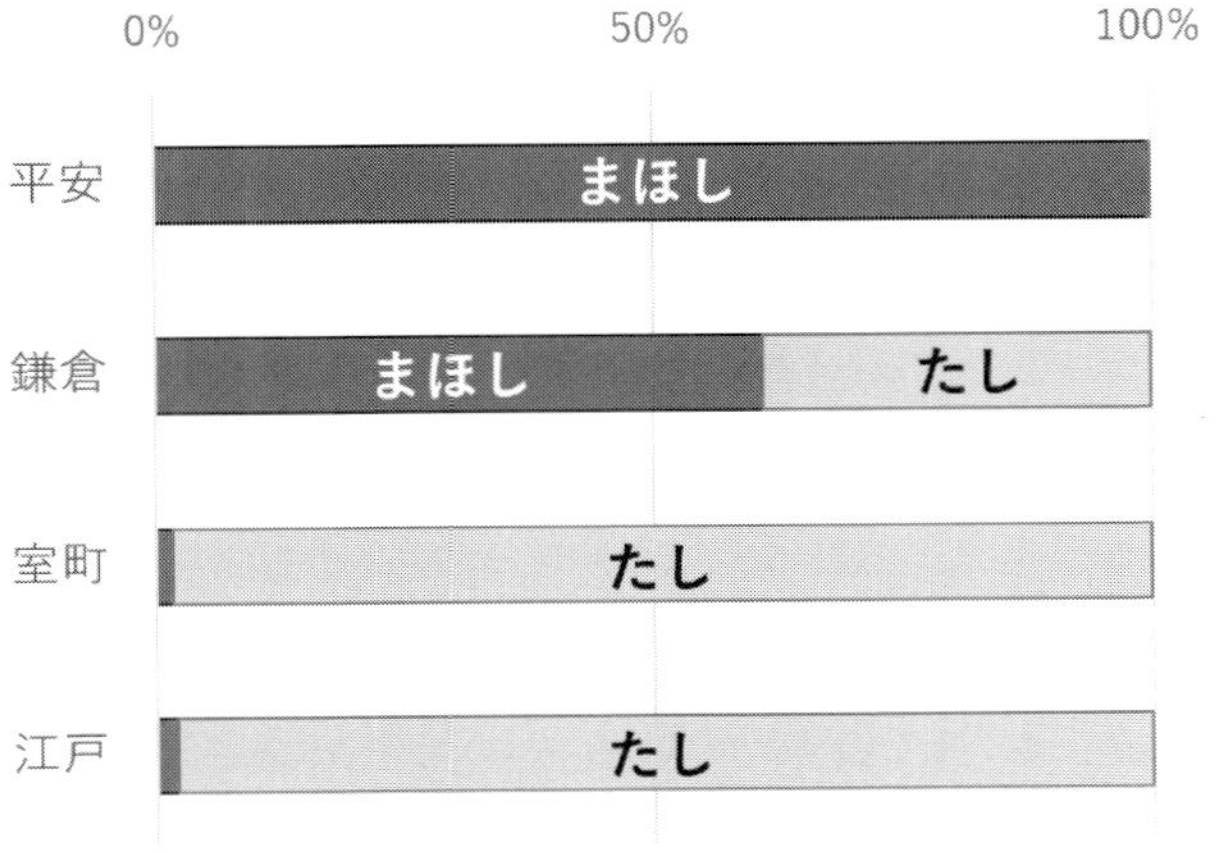

高校の「古典文法」は平安期・『源氏物語』を中心としながらも、上代から近世まで、「古典」として読まれるテキストを時代・文体を問わず網羅すべく、別時代の文法形式までまとめて扱っている。現代のわれわれが未然形を見ても非現実とは特に思わないように、平安期を過ぎる

と、未然形と連用形の意味対立は忘れられていく。この対立が忘れられた後に使われるようになったのが「たし」である。

本書での助動詞体系は、平安時代語を基準としているため、その活用体系が崩れた後の助動詞である「たし」は、ここまでの体系から除外している。

（2）断定「なり」―名詞の述語化

一般に助動詞「なり」といえば、伝聞の「なり」と並んで、というより、より頻度の高いものとして、断定の助動詞「なり」がある。ここまで未然形、連用形そして終止形の3領域による、事態のありかたの表し分けとして助動詞の接続を位置づけてきたが、断定の「なり」は、連体形に接続する異色の存在である。「なり」が連体形接続である事情はすでに見たとおり、連体形が名詞相当の句を構成するからである（**第1章2.（3）連体とは**）。断定の「なり」は本来述語でない名詞を述語化する形式であり、動詞に接続する場合も、全体を名詞化したうえで再度述語化していることになる。ここまで見てきたとおり助動詞というものはその事態のありよう、それが現実世界のことか、想像の世界でのことかを表し分けるものであった。そのような観点からは、断定の「なり」は助動詞ではない。そもそも名詞に接続し、名詞の述語化を主とする時点で、それは動詞述語の表し分けとは次元を異にするものである。

（3）「たり」「しむ」「ごとし」―文体の違い

断定の助動詞としては、「なり」のほかに「たり」も存在するが、断定を表す時点で前記「なり」と同様、助動詞からは外される。そもそも断定の「たり」に関しては名詞に下接することを基本とし、用言の活用形とは接続しない。この点においても、「助動詞」ではない。さらにその使用環境に関し、文体の違いが指摘できる。断定の「たり」は漢文訓読体で用いられるのが基本で、和文の物語文体に現れるのはまれである。現代語でも、「この間」と「先日」は、ほぼ同じ意味でありながら用いられる文体が異なる。これと同じように古典語においても、文体によって語の使い分けが存在する。

古典らしい古典の文体、和文体に対し、同じ時代でも漢文を読み下した漢文訓読体があり、両者の差は現代語の話し言葉・書き言葉の比ではなく大きい。漢文は、外国語である中国語を、なるべくそのままの形で意味が取れるようにした翻訳文体であり、本来の自然な日本語の文体とは大きく異なるものである。漢文訓読のための助動詞として、ほかにも使役の「しむ」（和文体なら「す／さす」）、比況の「ごとし」（和文では「やうなり」）などでしか表現のしようがない）などが、学校の古典文法では「助動詞」として一括される。「たし」の項でも確認したように、時代や文体の差にとらわれず、漢文学習も併せ、古典作品を幅広くカバーできるようにという措置であり、本来は共存させるべきものではない。古典語と呼んでいるものも、ある日を境に現代語に切り替わったわけではなく、刻々とその形を変化させて現代語へとつながっている。時代によって、地域によって、文体によって、言語の体系それ自身が姿形を変え、日々変化している。現実か、非現実かという事態のありようを語り分けるのが助動詞である、とする本書の世界観は、平安時代の和文体を基準として成立するものである。

（4）「る／らる」「す／さす」―別動詞としての成立

「る／らる」は受身・尊敬・可能・自発、「す／さす」は使役・（「給ふ」との組み合わせで）尊敬を表す助動詞とされ、その接続は未然形である。これまで未然形述語としては打消および意志・推量の助動詞を中心に論じ、これらは扱ってこなかった。

本書において、未然形とは非現実を意味し、未然形接続の助動詞はその非現実という意味が持ちうる多様性に対応し、非現実に関わるさまざまな意味を表し分ける個別形式、との把握に立った。推量であれ、意志であれ、「そのことが現実には起こっていない」というありかたの一種である。対して、「る／らる」「す／さす」にはその非現実性がない。「ある出来事に対して、それが現実なのか非現実なのかを語り分ける」のが助動詞だとすると、「る／らる」「す／さす」は現実・非現実というよりむしろ「ある出来事」の中身の側に関わる意味である。「走る」「走られる」「走らせる」、それぞれに対し、それが現実のことなのか非現実のことなのかを語り分けるレベルが存在する。であるならば、「る／らる」「す／さす」が表す意味層は、助動詞とは異なり、助動詞よりもいわば内側、動詞の側にあることになる。

さらに構文面においても「る／らる」「す／さす」はほかの助動詞と異なる。「だれが、なにを、どうする」という内容（＝前記「ある出来事」）に対し、それが想像上のことなのか、すでに起こったことなのかを表し分けるのが助動詞であった。その表し分けに際し、「それが想像上のことである」「それが過去のことである」と語る対象としての「それ」の部分は、助動詞がついたことによって影響を受けない。「犬が猫を起こす」という事態であれば、それを過去のこととして伝えようと、推量内容として伝えようと、「犬が猫を」の骨組みは変わらない。

一度助動詞を離れて自動詞と他動詞の交代について考えてみると、この「だれが」「だれを」にあたる要素（＝「格」）は、自動詞と他動詞を入れ替えることによって、交代する。「犬が猫を起こす」であれば、他動詞「起こす」を、対応する自動詞「起きる」に取り換えると、描こうとしていた事態から「犬」は消え、「猫」が主語「猫が」に繰り上がる。

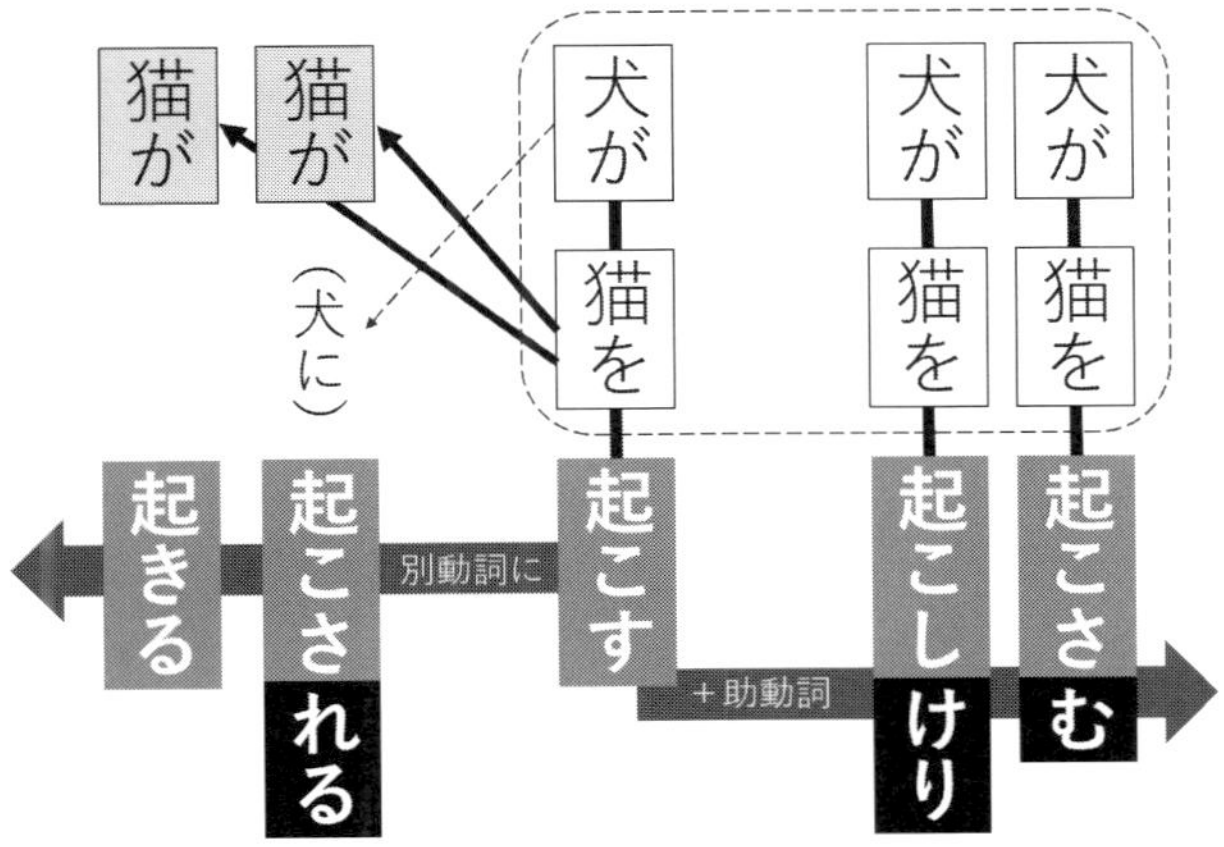

「猫を起こす」→「猫が起きる」のように格が変わるということは、

出来事の中身が変わってしまったということであり、動詞そのものが別物になっていると判断され、他動詞「起こす」と自動詞「起きる」は別の動詞として扱われる。ここで受身（や使役）を考えるに、「猫を起こす」→「猫が起こされる」のように、ここでも格の交代が起こる。ということは、自動詞と他動詞の違いと同じようなものということになる。よって「起こされる」は「起こす」とは違う一つの動詞相当であって、「る／らる」「す／さす」は助動詞ではなく、動詞の語尾、別動詞を作る接尾語と考えたい。事実としての正確さは欠くが、他動詞「割る」に対し、自動詞「割れる」は独立した一個の動詞であるが、ここから自動詞化の接尾語「る」を取り出し、「割れ＋る」と説明しようと思えばそれも可能である。それと同じように、「割る」に対する「割られる」もそれ全体で一個の動詞と見る。そこから「れる」を取り出そうと思えば取り出せるが、それは動詞の語尾を切り離しているのであり、動詞の外についている助動詞とは別、と考えるのである。もちろん「る／らる」「す／さす」についても、他の助動詞と区別なく「助動詞」とする立場に立つことも可能である。どちらでなければならない、という蓋然性は助動詞自体にはないが、いずれの立場を取るにせよ、高校古文で「助動詞」とされるものの中身は、成立時期や文体、あるいは述語形式の性格そのものが違う、雑多なものの集合体であって、その差異を無視したまま一括して扱うことは避けなければならない。

6．活用形、再論

ここまでみてきた体系は、「助動詞から見た活用形」であった。助動詞が接続することを前提に、そこでの意味の表し分けという視点に立って未然・連用・終止の三つを確認してきたことになる。だが、各活用形の機能は、助動詞を伴う表し分けだけではない。たとえば連用形には「動詞を名詞化する」という働き（「ひかる」→「ひかり」、「かえる」→「かえり」）が見られるし、そもそも連体・已然・命令の3活用形は助動詞とほとんど関わらない。さらに前節を振り返れば、受身・使役を代表とする「る／らる」「す／さす」は助動詞から除外したが、本書の言うところの「助動詞」にはあてはまらないだけで、なにがしかが未然形に接続していることに変わりはない。だとすると非現実を表すということとは別に、未然形が別動詞を構成して受身や使役を表すことができるのはなぜか、という問いが立ちうる。これまでのように、助動詞に限って活用形を眺めるだけでも、筆者の手に余る目論みではあったが、最後に助動詞視点に限定されない活用形全体の再論として、その意味・位置づけをもう少しだけ広げて、とらえ直しておこう。

固まる連用形・溶ける未然形

助動詞の下接という限りにおいては非現実と現実の語り分けを担っていた未然形と連用形であるが、既述のとおり、各活用形の用法の全体はそれだけにとどまらない。未然形が受身や使役を表すこと、連用形が名詞化にも機能すること、これらの機能まで広げたうえで、未然形そのものとしての性格X、連用形そのものとしての性格Y…を透かし見てみたい。正確な規定など望むべくもない大それた課題ではあるが、活用という現象を持つこの言語だからこそ、そのありようと意味を解き明かしたい、という壮大な夢として、これまでにも増してイメージだけの話になるが、最後に書き留めておきたい。

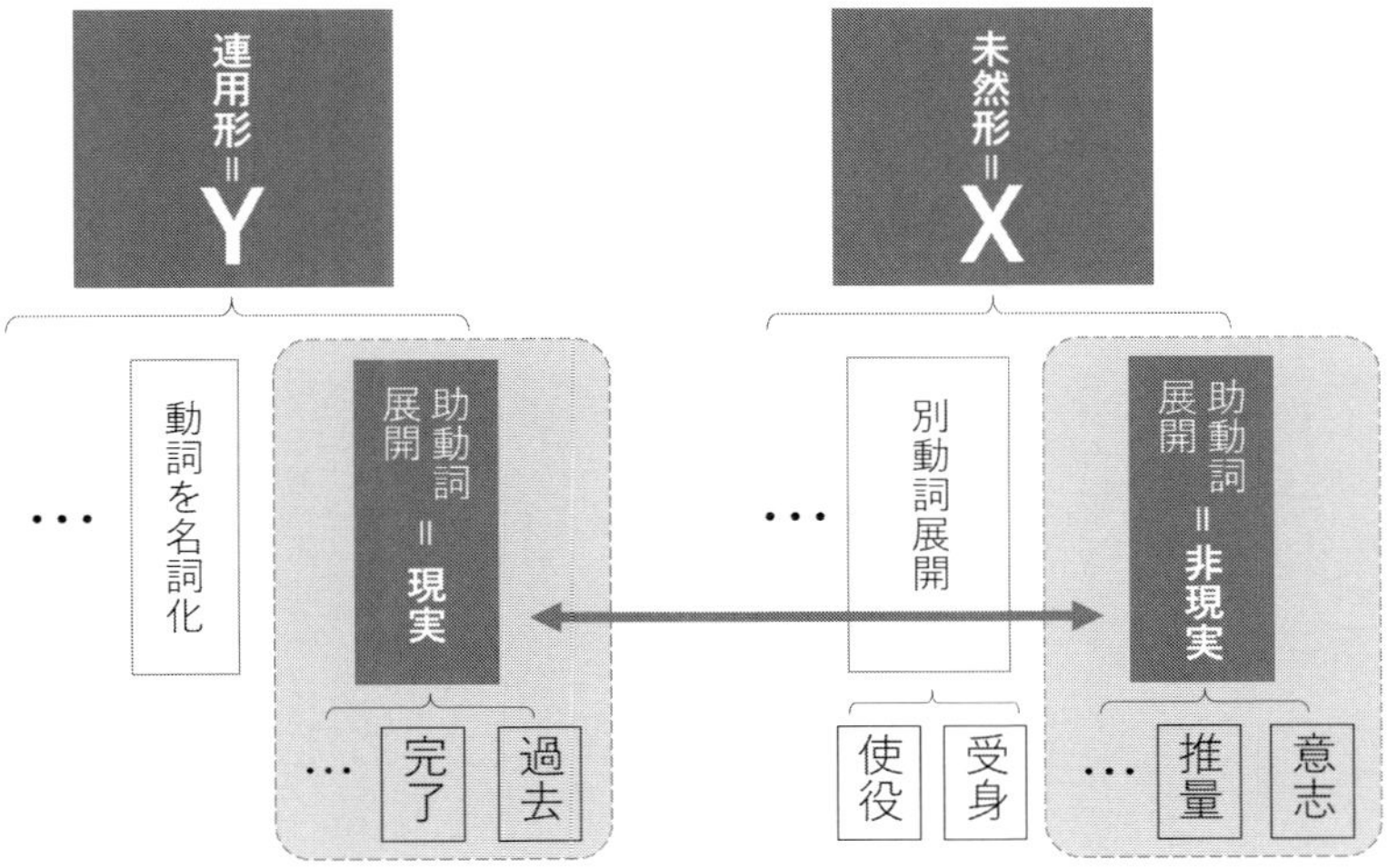
連用形＝Y
動詞を名詞化
助動詞展開＝現実
過去
完了
未然形＝X
別動詞展開
助動詞展開＝非現実
受身
使役
意志
推量

未然形とはXな形であり、連用形とはYな形である、などと言い当てられれば話は早いが、おそらくこの先も答えの出ない永遠の研究課題となるだろう。が、言い当てられずとも、長らく各活用形を眺めてきた者には、規定・定義には至らない、なんとなくのイメージはあるものである。筆者においては、連用形は「かっちりした形」、未然形は「でろでろな形」として、授業などでは（学者にあるまじき雑さで）紹介している。終止形を基本として、溶けるのが未然形、固まるのが連用形ととらえてもよい。連用形は「かっちり固まる形」で、その一端として、現実か非現実かを表し分ける場合は地に足を付けたしっかりした現実を表す側に回る。連用形が動詞を名詞化する形であるのも、名詞としてかっちり固まるととらえれば共通の性格は見て取れる。

対して未然形は溶けてつかみどころがなくなるイメージである。この「溶ける形」であることの一環として、助動詞においては現実にはない、不確かなことの表現を担う。そして、「る／らる」「す／さす」の接続（と、呼んでおく）も、溶ける形であることの一つのありかたとして、ここに位置づけたい。これらは、もとの動詞が一度溶けて、別の動詞に生まれ変わっているようなものである。別動詞への生まれ直しは、チョコレートを湯せんして、別の形にするところをイメージしていただきたい。その湯せんした状態が未然形である。

「む」から展開する助動詞として「まし」「まほし」「まうし」から共通項「ま」を取り出し、これを「む」の未然形「のようなもの」と位置づけた（2.（1）「まし」「まほし」「まうし」）。この「ま」語形を「む」の未然形とするなら、そのときの未然形とは、助動詞を展開していたときの「非現実を表す形式」としてではなく、より広い、「いったん溶けて生まれ直す形」としての未然形である。その二者の区別をしないまま、

「まし」等を扱ったときの未然形「ま」については「のようなもの」と表現しておいた。いま、未然形の理解をここまで拡張させたことで、ようやく「ま」語形は「む」の「未然形」と言ってしまってよいことになる。

打消の「ず」をどうとらえるか

未然形の本質を「溶ける形」と位置づけ、「非現実」を表すのはその下位に位置づけられる用途のひとつ、と解釈すると、ここで再度、打消の「ず」が非現実ととらえられるのかを検討したくなる。「雨降らず」という打消に関しては、その意味からして打消される内容（「雨降る」）は現実と真逆、よって非現実を表す意味の一種とみなせると解釈してきたが、全体としては雨が降っていないという否定的現実を語っているととらえることもまた、可能である。打消を非現実と解するのは、「ず」が未然形接続であるという事実が先にあり、そこから非現実を表していると位置づけたいという前提があればこそである。そのように説明も可能ということであって、そのような説明しかできないというわけでもない。むしろ、肯定否定は現実・非現実の語り分けの埒外であり、現実であれ、非現実であれ、それぞれに対して否定がなされると考えることもできる。さらにまた、終止形接続の特殊性を整理するにあたり、未然形接続の意志・推量は非現実かつ、「話者がそのように考えた」という側面が捨象できないことを述べたが、打消に関しては「話者がそれを否定している」という意味合いを考えずとも、否定的事態そのものが内容として独立しうる。この点においても、未然形接続の助動詞といっても意志・推量系とは異なるといえる。「る／らる」「す／さす」を助動詞から外すのであれば、（格の交代を起こさないものの）「ず」も助動詞から外す、少なくとも意志・推量系が未然形接続であることの論理とは区別する、という可能性も否定できない。未然形の本質を「溶ける形」ととらえ、受身・使役のように「一度溶けて生まれ直す」という側で、否定述語をとらえることも可能性としては同様にあろう。今もって答えは出ず、今まで考えてきた世界をひっくり返すことにもなりかねないが、非現実という見方をすることで見えた世界が、さらに見え方が変わってくるということの、わからなさこそが、正解を教わるのではなく、向き合って深みを覗き、自由に考えることの楽しさだと思っている。

固まりも溶けも「しない」終止形

このように溶けるか固まるかの両極で未然・連用をとらえた場合、終止形はただひたすら「無色・基本の述語」ということになる。言うまでもなく基本としての形式だが、同時に固まりも溶けも「しない」形式、それゆえに助動詞なしのそのままの形で現在を表す。積極的に溶けたり固まったりしない、ある面で消極的な形式であることが、助動詞の接続においては「その他」としての役割にもつながる。

未然・連用・終止の三つは、助動詞の接続に限らず、終止形を基本の形として中心に置き、固まる方向に連用形、溶ける方向に未然形が位置づけられる。

命令形

このように未然・連用・終止の3活用形を位置づけると、連体形・已然形・命令形の三つが残る。このうち、連体・已然の二つは既に述べたとおり、それぞれ終止形・連用形の変種である。

最後に、残る命令形について付言しておくと、これは連用形からのつながりの中に位置づけられる。命令形に関しては、特に二段活用系の動詞で連用形とのつながりが見えやすい。二段活用において命令形とされる形、たとえば「起きよ」であれば、それは、連用形「起き」に「よ」がついた形であり、連用形を「よ！」と呼び掛けていると考えて差し支えない。固まる形である連用形は、その働きの一つとして動詞を名詞化する性質を持つ。命令形の中に見られる連用形（ここでは「起き」）は、名詞、すなわち「起きること」であり、お茶が欲しいときに「お茶」とその名を呼ぶのと同様、起きてほしいときに「起き」と動きの名を呼んでいる。一方、四段の命令形「帰る」の場合は、二段のように「帰りよ」となっていれば話は早いが、実際の命令形は「帰れ」であり、連用形形態「帰り」とは異なる形になっている。しかしこれも、細かい議論を大胆に省くと、「帰り・よ」が詰まって「帰れ」という形に変化したと考えて、大筋問題はない。

なお、命令形と連用形のつながりを感じさせる事例としては現代においても「はよ起き」「さっさと帰り」のように連用形で命令することが可能である。「そうしてほしいことをそのまま呼びかける」、その発想自体は今も昔も共通である。実際には、現代のこのような命令方法が、古典語から直接つながっているのかというと、そう単純な話でもないのだが、それについては読者の主体的な学びに任せたい。本稿であっさり述べた結論と大筋は、実際詳しく調べてみれば、どれも非常に多くの補足と説明を要するものであって、「アイツいい加減なこと書きやがって」と思われること必定であるが、それはそれで、学ぶ面白さのひとつだと信じている。たとえ正確さを欠くとしても、まだ完全に掴み得ない夢のような世界がそこに広がっているのなら、いまは夢であっても、夢を夢として共有しておきたい。ここまでの話は、「正確に言えるのはここまでです、覚えましょう」ではなく、夢物語であってもいい、言葉という存在は、究極的には知り得ることができないものだという畏怖と憧憬を前提とした「こんな世界だったら、面白くない？」である。

Part II

古典文法の彼方へ

第1章　古典文法を学び、古典文法で遊ぶ──学生からの出力

古典文法部？

　ＰａｒｔＩの内容は、大学の講義で語っていることが大部分を占める。授業内の話のノリで説明や位置づけを変えてみることもしばしばである。教える側も考えている途中であり、話してみて、反応を見て、考え直す。理解させるためにはこうした方がいいかな、という教授法のレベルにとどまらず、教える内容自体が揺らぎながら育っていくように感じる。そこに楽しさがある。学生と話して、一緒に考える。そして話を聞いた学生自身も、自分で反芻する中で、筆者のものとも少し違う、自身のビジョンを持つようになる。知見不足で拙い点もあるにしても、学生ならではの視点にこちらが驚かされることもある。その最たるものが「古典学習教材開発プロジェクト」というプロジェクト科目だった。筆者自身が学校での古典語教育に関心を持っていたこともあり、自由な発想で古典語の学習教材を試作してみたい、という実験の場であった。教員というものは毎年、一歳ずつ教える相手と年齢が開き、教わる立場の記憶と感性から遠ざかっていく。対してプロジェクトに参加する大学生は、ついこの間まで高校古文を教わる立場だったわけで、その視点から教え方を考えたら、ユーザー視点のものが見えてくるのではないか。という建前のもと、古典で遊ぶ、サークル活動のようなものだった。

　ここで試みたことはそれなりに多岐にわたり、高校の教科書をデータ化し、頻出単語を抽出したり、英作文のように古典語作文を試みたり、果ては牛車のペーパークラフトを作ったり。大学内での学生活動ということもあり、毎年秋の学園祭ではブースを確保して成果発表の場とし、年度ごとに冊子の製作・配布を行ってきた。

　教材開発を掲げた「古典学習教材開発プロジェクト」は3年をもって区切りを迎え、授業科目としては終了したが、活動は筆者の研究室を中心に、学生有志が継続している。教材開発で教育に貢献するという建前は失って、任意団体「全コ連（「全日本古文愚連隊」の略、名称自体にさしたる意味はない）」を名乗り現在まで学園祭での成果発表を続けてきた。２０１９年には全コ連公式サイトを開設、活動成果の大部分はこちらのサイトに掲載している。知識もなく素人が作ったホームページのため、気づいたら謎のお買い物サイトに乗っ取られていた、など紆余曲折はあるが、授業でも参考書に準ずるものとして紹介している。高校生の勉強に役立ちそうなコンテンツも若干あるので、古文に興味を持ってもらう糸口として教育にも活用いただければ幸いである（次頁にＱＲコード掲載）。

助動詞擬人化計画

さてそのプロジェクトに端を発した学生活動の中で、長らく大きなウェイトを占めてきたのが「助動詞擬人化計画」である。発足当初は軍艦やら刀剣やらがキャラクター化される擬人化ブームの真っただ中。流行りに乗ったと言えばそれまでだが、学んだこと、感じたことの出力形式として、可能性を感じたことも事実である。

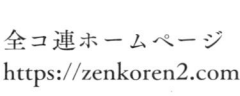

はじめは授業内のちょっとした発言だった。「助動詞も擬人化できると思うんだよね、この助動詞はねー、イメージ的にはダメな子」。そんなことを口走った筆者に、その場のノリでキャラクターデザインを作画してきた学生がいた。言わずもがなではあるが、日本語日本文学科で学ぶ学生にはオタクが多い。読み書きが好き、妄想を膨らませるのが好き、なんだかんだでお絵かきが好き、なんて学生が一定数存在する。学生としても、当初はほんの出来心のお絵かきだったのだろう。しかし「この助動詞のここをこうデザインするのは解釈違いじゃないか？　もっとこういう性格があるわけだから……」なんてやり取りをしていたら、お互い楽しくなってしまった。

全コ連ホームページ
https://zenkoren2.com

教材開発という名目での助動詞擬人化なら、趣味のお絵かきではない、「とっつきにくい助動詞を親しみやすいものにする」という立派な大義名分もある。とりあえず流行りの流れに乗れば人目も引ける。そうして始まったプロジェクト科目だったが、やってみれば当然ながら困難も伴う。馬や刀剣ならまだしも、そもそもモノですらない言葉に、人の形を取らせることの難しさ。もともと目に見える特徴など一つもないのに、擬人化されたそれぞれに、「ず」なら「ず」の個性が感じられなければ説得力がない。対象についての深い理解・知識がなければデザインの決め手もなく、ただのお絵かきになってしまう。ＰａｒｔⅠで見てきたように、それぞれの助動詞にはそれぞれの性格がある。その性格を、人としての性格に読み替えたら、どのようなキャラクターが立ち現れるのか。

助動詞の本質や体系について考え、自分なりの答えを出そうとする行為自体が、雲をつかむような話であって、それは既定の暗記事項を覚えることとは全く異なる。筆者が学生の頃、先生・先輩に言われ、今も自分自身が学生に言うことだが、「考えた人の数だけ文法がある」。高校まで、無味乾燥の固まった既定事項として存在していると思っていた文法が、考えた人のフィルターを通して構築された世界観であったことを知ったときの、楽しさ、わくわく感。文法を語るということは「私には世界がこう見える」と語ることだと思っている。未然形とは何なのか。「む」と「べし」の関係はどんなものなのか。それらは決して客観的な事実ではなく、その人にとっての未然形であり、「む」であり、「べし」なのである。そんなものは学問と呼べないのかもしれない。と同時に、私にとって言葉とは何なのか、対象について「私にとって」の答えを求めることこそが、学問の本質的な面白さではないのか。知ること・覚えることと、学問をすることはここが違うと思っている。

「私にはこの助動詞がこういうものに見える」、その「こういうもの」が、レポートや論文という形でなく、絵という形をとって出力されているとしても、それはまぎれもなく、学び、考えた学生からの回答である。古典文法部ともいえるサークル「全コ連」は、先述のとおり毎年活動成果を冊子化しており、２０２２年には最新版の擬人化キャラクター一覧を公開した。教材作成という建前から解き放たれた冊子は、教材としての実用性からは程遠く、言ってしまえば同人誌である。そもそも文学好きが集まれば、自然な流れで文芸同人誌が作られる。ならば語学は？というわけで、語学側の趣味の発露として、このＰａｒｔⅡでは学生からの回答であるところの、擬人化キャラクターを紹介したい。文学を読み、文学で好きに遊んでいいのなら、語学でだってその可能性はあってよいはずである。たとえそれが、文法なんていうものであったとしても。

ここＰａｒｔⅡは、学習・暗記の呪縛から逃れ、考える自由を得た結果として、あさっての方向に飛び立つこともできた、そんな事例の紹介である。

擬人化デザインの沿革と概要

「古典学習教材開発プロジェクト」の一つの成果であった助動詞擬人化キャラクターは、２０１６年にｖｅｒ．1.0として公開したのが始まりで、学生の代替わりや、担当教員（筆者）の各助動詞に関する認識の変化を経て、２０２２年にｖｅｒ．2.0を公開した。当初から意識してきたことは「表面的な意味や語呂合わせに頼らない」ということ。そして、教材開発という建前を外し任意団体化してからさらにその傾向が加速するが、「わかりにくくてもいいから、思ったこだわりを入れ込もう」ということである。出力結果のデザインを使うことで、助動詞教育がわかりやすくなるなどとは、正直思っていない。むしろ細かすぎてわからない設定、それが唯一ではない解釈がちりばめられている。

話題を共有しているオタク仲間が見たら「ここ、こんな風にしたの⁉」「ここは私と解釈違う」などと話も盛り上がるだろうが、一般には「わかりにくい」。むしろ、わかりにくいことをもって、こんな世界があるんだ（「こんな世界」＝言語の体系そのもの、およびそれをこんな形で出力しようとする物好きがいる世界）、と思ってもらえるとしたら、まわりまわって教育に寄与するものだと思える、そんな位置づけである。

擬人化プロジェクト出発時点では、教材としての建前も保持していたため、学習内容もアイコン化してちりばめている。たとえば「アリリボン」。活用に「あり」を含むもの（者）には、「アリ」をデザインしたリボンを付与している。一例として、次頁に示す画像は「ず」の擬人化キャラクターだが、「ざら・ざり、ざる」…と「あり」系の活用を持つことを反映し、「アリリボン」を身にまとっている。「ず」に限らず、活用に「あり」を含む助動詞は、すべてアイコンとしてリボンが付与され、一つの体系性を持つ。細かすぎて伝わらないのは重々承知、理解を、思いを、詰め込むことが優先されている。筆者自身も、デザインした学生に後から聞いて、「え、ここ、こんな理由あったの？　わかんねぇよ‼」

なんて会話をしたこともしばしばである。自分が伝えたことを学生自身がかみ砕いて、絵で出力してくる。そこにちりばめられた思いを、今度はこちらで読み解いていくのも、それはそれで楽しい。

助動詞擬人化の活動はここまでで約十年に渡る。その間、学生は入れ替わりながら、代々擬人化コンセプトを受け継ぎ、発展させてきた。その時々の学生の「流行り」（好みの助動詞の差から生じる扱いの差）、といったことももちろんあるが、そのほかにも学生側の理解が深まったこと、それと合わせ、筆者自身が学生とのやり取りを重ね、各形態に対する考え方が変わった部分もある。十年もすればこちらの説明の仕方も変わる。それを受け止める学生の理解、出力の仕方も変わる。そもそもｖｅｒ．1.0のデザインが生まれたのも、筆者の戯言を形にしてくれたお絵かき学生のおかげなのだが、時が経ち、ある程度筆者の考え方も変わってきたときに再度絵かきに恵まれ、現時点での最新版、ｖｅｒ．2.0へのリデザインに踏み切った。

本書で紹介するのはこの最新版ｖｅｒ．2.0であるが、ｖｅｒ．1.0に比してデザインが大きく変わったものもある。変わったところ、変わらないところ、それぞれが、筆者と学生たちの各助動詞に対する認識の変遷を表してもいる。

たとえば「ず」と「む」それぞれのデザインを比較すると、「む」は大きく変わっている。両バージョンに共通している「む」の最大の特徴は、フードをかぶっている点にあり、これは文中用法においては意志や推量といった意味が消えることを表し、特技は「気配を消すこと」となっている。そういった特徴を残しつつも、今回デザインが大きく変わった背景には、助動詞「む」単体ではなく、助動詞体系そのものへの認識の変化がある。

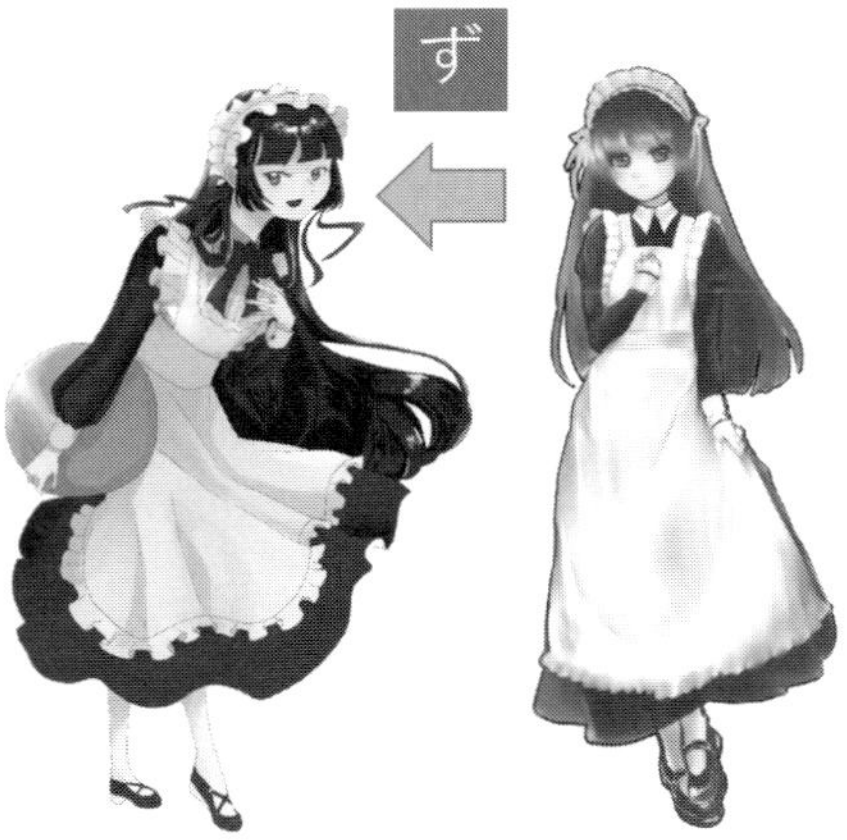

ver.2.0　ver.1.0

ｖｅｒ．1.0時点での擬人化キャラクターとしての位置づけは、高校の古典文法の教材として覚えやすさを優先していたこともあり、「む」と「じ」が裏表になる、というだけであった。「む」を反転させて、打消イメージとして黒基調に色味を変更したのが「じ」であり、他の形態との関連は考慮されていなかった。

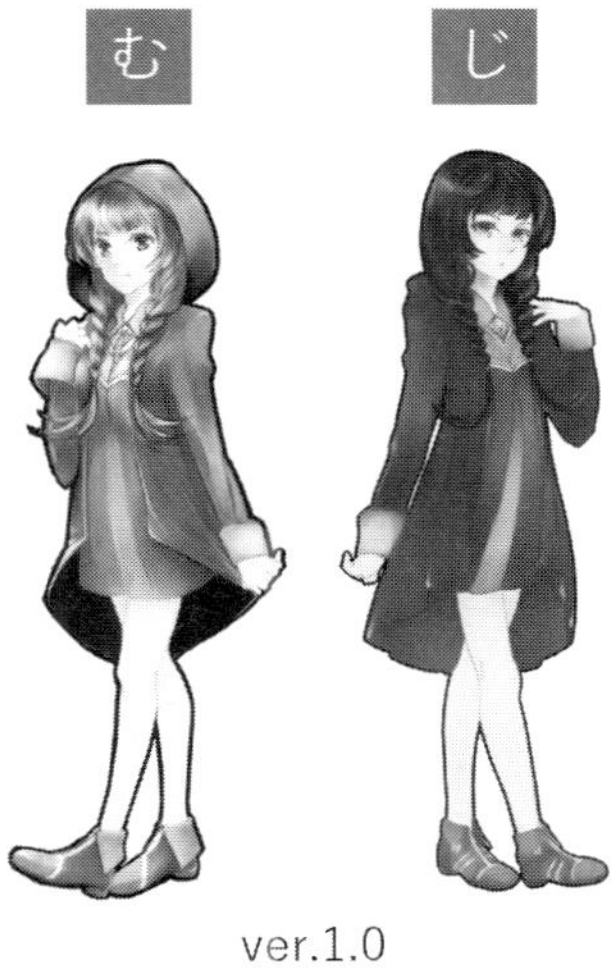

そののち、助動詞のみならず、上接の活用形そのもの（未然形から命令形まで）がデザイン化されることとなった。ここで未然形が、そのときの理解のもとにデザインされたのだが（デザインコンセプトについては**第２章**参照）、そのころには助動詞「む」は「未然形の意味（＝非現実）そのものを述語化したようなもの、未然形接続の助動詞たちの中で、もっとも未然形そのものに近い」という認識がなされるに至った。こうなると「む」のデザインと未然形のデザインに関連が求められる。さらに「じ」に関しては、「む」の裏返しというのみならず、むしろ「ず」との近さが重視されるようになった。そのような経緯により、ｖｅｒ．2.0で各形態のデザインが次頁に示すような位置関係に並ぶこととなった。ｖｅｒ．1.0に比して、「む」と「じ」は、共通性を持ちつつも距離が開いた。デザインそのものが、各形態がなす体系についての解釈を反映している。

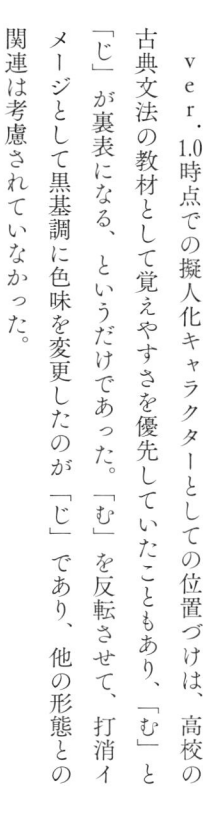

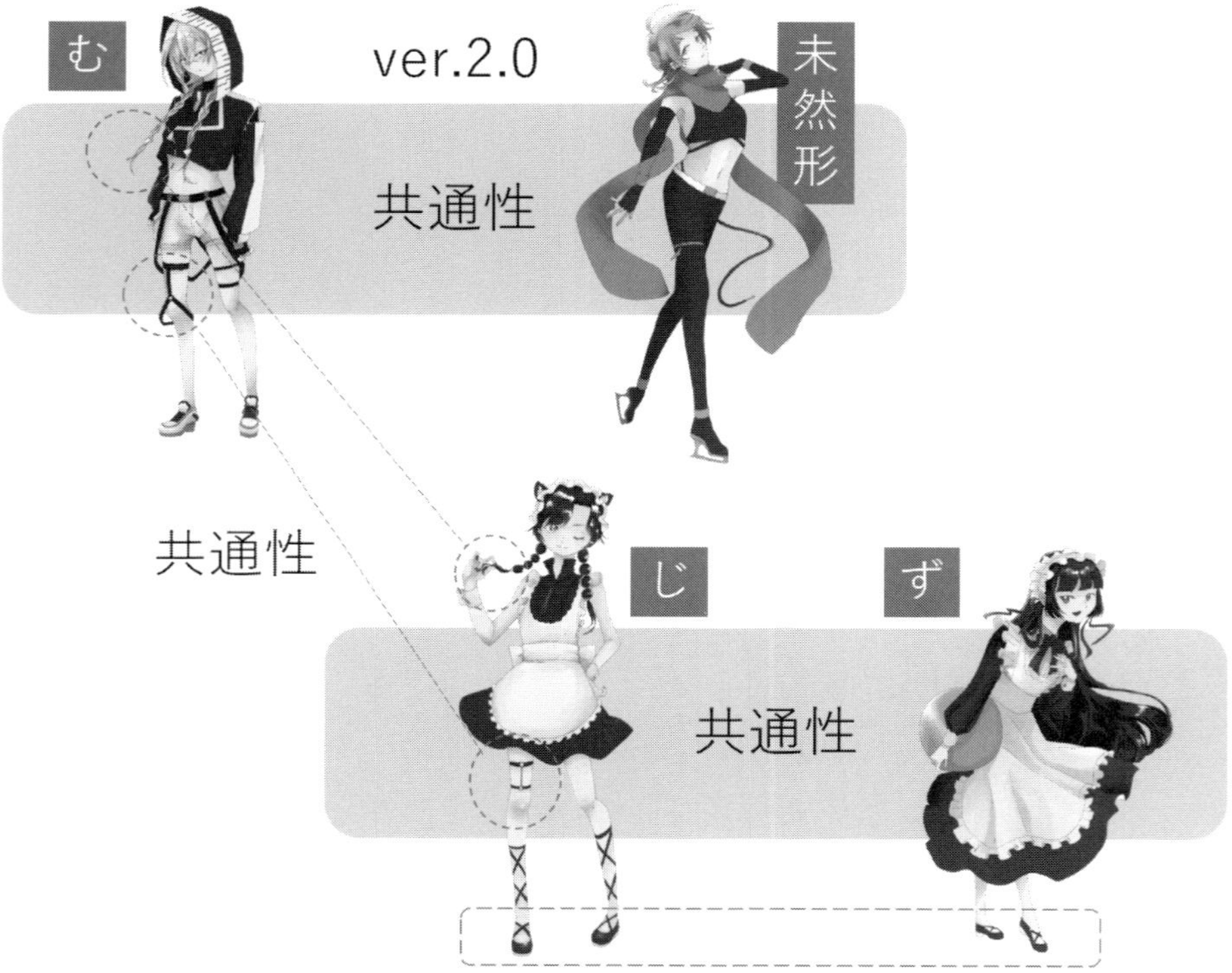
む
ver.2.0
未然形
共通性
共通性
じ
ず
共通性

未然形と「む」の距離、「ず」と「じ」の距離、そして「じ」と「む」の距離。それぞれの位置関係を表現しながら、個々の形式の持つ特徴・性格をアイコン化する。出来上がったものは、誰にでもわかるような明快さはない。しかし、簡単にはわからない、すっきりと１００％の答えは出ないことの面白さを、「わからなさ」そのものを、可視化したとは言える気がしている。ものを深く考えるという行為は、本来、遊びだと思っている。古典文法でもこうやって遊べるよ、と。

擬人化キャラクターｖｅｒ．2.0は、筆者と学生の、「私たち全コ連には、活用形と助動詞がこう見える」、その現在地である。

第2章　擬人化助動詞・活用形キャラクター大図鑑

つながり──「伝えていく」ということ

前置きが長くなったが、ここから筆者が全コ連の「コ問」として関わった、助動詞（および活用形）擬人化の最新版、ｖｅｒ．2.0を示すこととする。なお、その元となったｖｅｒ．1.0については、全コ連公式サイトにて公開している。高校生向けの教材としてデザインした当時と、国文系大学生の本気の出力である本書掲載の最新版の違いは、比較していただくとよくわかるかと思う。

以下は主に２０２２年から２０２４年に学園祭で公開した冊子の中身を中心に再構成したものである。まずは学生の手による擬人化コンセプトの紹介文。

◆◇◆◇◆◇◆◇◆◇

【ごく簡単な、デザインコンセプト】

各キャラクターに、それぞれの性格・特性・作画者の思い入れが詰まっていますが、もう一方でｖｅｒ．1.0から心掛けているのが「全体の体系性」。語として、他の語との位置関係が可視化できるように、っていうのが、大枠として守ったコンセプトです。

◎活用形：男子、助動詞：女子

特定の活用形と特定の助動詞がペアになります。ペアをそれぞれ男子・女子で表現。

◎男子でも女子でもない…小動物枠

キャラクターものに小動物枠、つきものですよね。「る／らる」「す／さす」等は助動詞ではなく、「る／らる」「す／さす」込みで別動詞になる接尾語、というのが全コ連での考え方。そこで擬「人」化からは外したのですが、今回はこれら微妙な者たちのために小動物枠を用意。

◎未然＝寒色系、連用＝暖色系

連用は和テイスト、未然は非・和テイスト

未然形は非現実（雑に言ったら未来）のふわふわした形、連用形は現実（雑に言ったら過去）のかっちりした形、というのが全コ連での共通認識。そこで、服装については連用形（と、それにつく助動詞）は過去・堅実さを感じさせる和服、未然形（と、それにつく助動詞）は、現実離れした服装で。この冊子みたいにモノクロ刷になっちゃうと伝わりませんが、イメージとして未然＝寒色系、連用＝暖色系、という対比もなしています。

助動詞と活用形の関係

高校の古典文法では、それぞれの助動詞の接続（「未然形につく」とか「連用形につく」とか）を覚えろ!!って言われてきたと思いますが、われらが全コ連で常々お伝えしてきたのは…、

未然形―非現実を表す。助動詞「む」（意志・推量）、助動詞「ず」（打消）、助動詞「まし」（反実仮想）…これらはすべて、この世の現実のことではなかったり、現実と真逆だったりすること。未然形自体が非現実を表し、その非現実のありかたのさまざま（推量だとか打消だとか）を表し分けるのが未然形接続の助動詞。活用形と助動詞の関係は、動物で喩えるなら、未然形＝「哺乳類」、助動詞「む」＝「犬」、助動詞「ず」＝「猫」、助動詞「まし」＝「牛」…みたいなイメージ。だから、助動詞の意味さえわかれば、上の活用形が何形かは、大体予測がつく（打消の助動詞なら、非現実だから未然形接続だよね、みたいな）。

連用形―未然形が非現実を表すのに対し、現実を表す。この世で実際に起こったことを語る活用形。連用形接続の助動詞たち（「き」「けり」「つ」「ぬ」「たり」…）は、基本的に過去か完了。雑に言ったら、連用形は過去形。これに対して未然形が未来形みたいなもの。

終止形―「その他」。未然形でも連用形でもない、グレーゾーン。なんとなく、終止形のままで「現在」を表しますが、これも終止形が現在という意味を持っているのではなくて、未然（未来）でも連用（過去）でもない、という穴埋め。終止形接続の助動詞たちは、現実とも非現実とも言い切れない者たち。たとえば推量とされる「べし」は、「たぶんこうなんじゃね？」（普通の推量）ってことをこえて、「道理としてこう!!」っていう感じ。あくまで理論上、っていうなら非現実だし、絶対的な真理・これこそ正しい、っていうなら現実ともいえる。そういう者たちが集う場所が終止形。

…という世界観。

◆◇◆◇◆◇◆◇◆◇◆◇

こんな感じのノリになる。

ページがここまで進んでから今更ではあるが、本書の執筆を計画した当初は、学生との活動成果である助動詞擬人化を、研究・教育の一種の実践報告としてまとめてみようと思っていた。つまりここからが当初企図していたメインコンテンツである。だがいざそれを単独で示そうとすると、「ここがこうなってる事情とか、前提として授業で言ってること説明しなきゃなあ…」という箇所が多々あり、その説明のために枕としてＰａｒｔⅠを設けるに至った。結果、講義でしか話したことのない内容を文字にする機会を得てしまったのだが、正確さを棄てて長々と語ってきたＰａｒｔⅠの内容は、学生の手にかかって同人誌の序文になると、かくもあっさりである。その方が伝わりやすいかもしれない。だがその前提には、ＰａｒｔⅠのように長い話があって、そのＰａｒｔⅠ自体が、そもそも本当はもっと微妙で複雑なところがあるのを全部はしょって授業向けに説明したものであって…。遡るほど深みにはまって語るべきことは無限に増えていってしまう。一方そぎ落とせば伝わりやすくなるが、

正確さを犠牲にする。深みにはまる、わかるように伝える。この両方向の綱引きが、ちょうど、研究と教育、なのだと思っている。不正確だが、雑ではあるが、と散々言い訳をしてＰａｒｔⅠを大胆にはしょっているのは、つまりは、伝わりやすさを考慮した結果でもある（これもまた言い訳である）。

カタくて壮大な前ふり（ＰａｒｔⅠ）に対して、ＰａｒｔⅡのライトさに戸惑う読者もあるかもしれないが、これにも理由はある。ＰａｒｔⅠは、教員として話してきたことを、この機会に無理を承知にまとめてみた、筆者なりの出力である。そしてここＰａｒｔⅡの擬人化キャラクターたちは、筆者が学生に語ったことを入力とした、学生からの出力、回答である。教壇に立ち、次の世代に伝え、つなぐということの形には、さまざまな可能性がありうるはずである。デッドコピーの生産がしたいわけではない。教えたことを、そのとおりにできるようになるのがうれしいのではない。伝えた側が想像もしなかったものを出してくるようになるのがうれしい。たとえそれが真面目な学問研究でなかったとしても構わない。そのままの形ではなく、その人を通すことで別の形になったのであれば、自分の伝えたことが、なんらかに生きたということだと思っている。学生たちが出力してきたデザインのすべてについて、なぜそうなっているのか理解できているわけではない（し、未然形の腹筋が六つに割れていようと八つに割れていようと正直どうでもいいと思っている）。学生たちの理解が間違っているところもあるかもしれない。それをそのままここに出すのは無責任との誹りは免れえないが、文法を考える自由さをお示しできればと思う次第である。

ページ構成

以降の擬人化キャラクター紹介ページの構成について、簡単に記しておく。

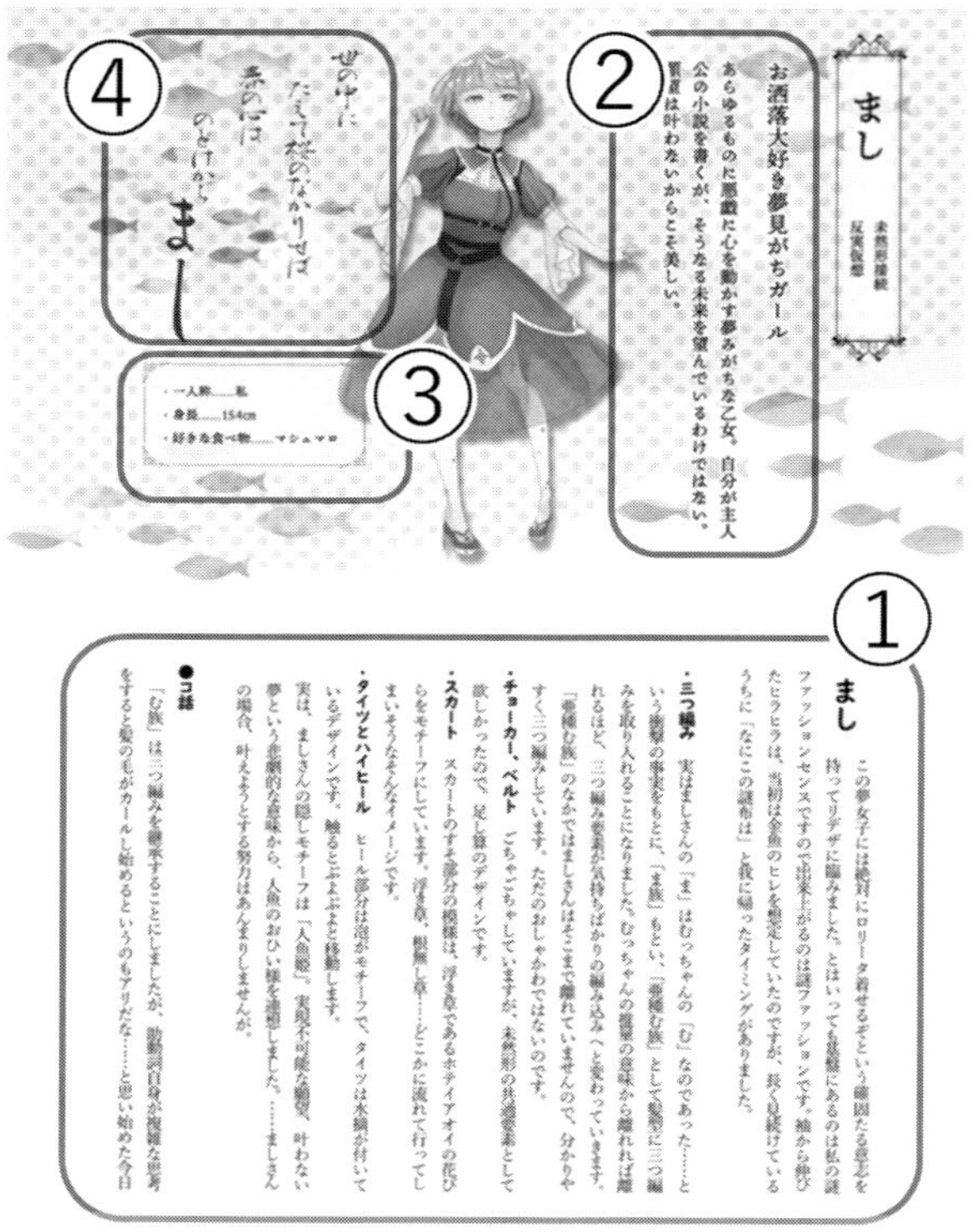
まし
お洒落大好き夢見がちガール
あらゆるものに悪戯に心を動かす夢みがちな乙女。自分が主人公の小説を書くが、そうなる未来を望んでいるわけではない。
世の中に たえて桜のなかりせば 春の心は のどけからまし
・一人称……私
・身長……154cm
・好きな食べ物……マシュマロ
①
②
③
④

① デザインコンセプト

擬人化キャラクターをデザインした学生自身の説明をそのまま掲載している。内容は2024年度学園祭発表の冊子に拠る。一応監修してはいるが、内容を指示したことはなく、学生が書きあげてきたものを、「なんか思いっきり間違ってたりヤバいとこないスか」と問われて一通り目を通した程度であり、ほとんど手を加えていない。

② 一言キャラ設定

各キャラクターの特徴を一言で表した紹介文。内容は2023年度学園祭の冊子に拠る。この年度の学生間で共有されているキャラクターイメージである。各助動詞・活用形の特徴・性質を学んだうえで一人のキャラクターとして統合し、語り合っているうちに湧いてきた設定、らしい。筆者にとっても、正直分かるような、分からないような。

③ 1人称・身長・好きな食べ物

これもキャラクター付けとしてのなんとなーくの設定。学生が使っていた用語で「フレーバー」というのにあたるのだろうか。この設定が何かに効くということはまったくないのだが、もとになったそれぞれの言語形式の性格を考えると、これが、意外と分かるような気がしてくる。内容は2024年度学園祭の冊子をもとにしており、本来は各キャラクター一人ずつに、ほかのキャラクターをどう思っているかという一覧がこの後に続く（未然形のことをこう思っている、「む」についてはこう思っている…、「けり」に対しては…）。その語の性格や体系性を考えるうえで示唆的な記述も多かったが、あまりにも長くなりすぎるので割愛した。

④ テーマソング（助動詞のみ）

文学部の学生が集まると妄想を膨らませるのが常である。キャラクターができると、「声優のイメージはこの人」なんていう話を始める。その過程で「テーマソング決めたい！」というノリが生まれた。流行っているポップスから選ぶか、はたまた作曲しちゃう？　なんていう話もあったが、それぞれの助動詞を使っている短歌をテーマソングに選べばいいじゃん！　ということで探し出された短歌たち。内容は２０２３年度学園祭による。可能な限り『古今和歌集』で揃える、分かりやすく示しやすいことを考慮し、句末に該当助動詞が来ること、終止形であることを基本条件として、探した。これはこれで作業してみると、すんなりとはいかない。「こんな助動詞使ってる歌、なかなかない！」「この助動詞、歌の最後に来にくい！」などなど。原則から外れている歌が選ばれている助動詞は、そこに何らかの苦労があったもの、とご容赦いただきたい。

ず

未然形接続
打消

不器用さを努力で超える働き者

なんでも笑顔で引き受けるし、限界を超えるくらいに努力もする。でも、その後は……

わが待たぬ年は来ぬれど冬草の
かれにし人はおとづれもせず

・一人称……私
・身長……145cm
・好きな食べ物……チョコレート

ず

みんな大好き打消ちゃん。古文にもよく登場することから、働き者のイメージ→メイド服を着せたのは私ではなく先輩方ですが、黒髪ストレートロングでクラシカルメイドってもはや私のためにデザインされたようなものですよね。

打消ちゃんが普段いるのは「喫茶　墨染」というカフェです。本来は非現実世界の住人なので、打消ちゃんは現実世界ではありえん程の美人だという設定になっています。

・アリリボン　活用に「あり」系を含むリボン族です。未然形接続で「あり」を含むのは打消ちゃんと「まほし」だけ。カチューシャにくっついてひらひらと靡くトレードマークです。

・胸元の赤いリボン　このリボンは「非現実でありながら現実とも言えそう」という捻じれた打消ちゃんに現実的な要素を入れたもの。連用からもらったもので、未然はあまり良く思っていません。「でも可愛いのでオッケー！」と放置されているのですが、打消ちゃんは内心「ふーん、妬いてくれないんだ……」とか思っていそう。絶対に口にはしませんが。

・黒いドレス　打消→真っ黒に塗りつぶすイメージを反映したものですが、そもそもメイドさんなので黒ですね。

・黒ストレート長髪　大和撫子!!　と叫びたい。ただ作画の理由で髪色がちょっと紺っぽかったり、紫っぽかったりします。黒すぎると重たい印象になってしまいますのでね……重たい子ですけども……。

・靴　普通のありふれた、ベルトが×のおしゃれ靴です。打消＝「×」なモチーフを、ナチュラルに取り入れています。ナチュラルすぎてもはや普通の靴です。

・配膳プレート兼鏡　現実と非現実を「ひっくりかえす」ための鏡。そんな銀色のお盆ですが、さっと持たせたようにみせかけてこれが結構世界観においても重要だったりします。鏡に映る打消ちゃんの姿は、非現実のものか、あるいは現実のものか。

特筆すべき設定

打消ちゃんの営む「喫茶　墨染」は、連用形の現実世界に存在します。なんで未然形接続なのに、非現実世界ではないのか。それには彼女の特性に関わる重要な「捻じれ」が関係してきます。

打消「ず」は「〜ではない」という、上に接続する動詞の意味を反転させる意味を持ちます。さて、この打ち消した動詞、確かに「ではなかった」ことになりました。言い換えれば動詞は「非現実になった」のです。そう考えるなら、打消ちゃんは確かに「非現実」を表すことになります。

ところが、「ない」という事実は「現実」のものととらえることもできます。何を言っているんだお前。

打消ちゃん以外の助動詞と相対化して考えてみましょう。推量「む」や反実仮想「まし」、願望「まほし」、打消願望「まうし」、そして打消推量の「じ」。これらは頭の中でそうだと考えていることです。脳内にある、つまり「未だそうなっていない」もの。であれば、これから「そうなるかもしれない」という可能性があります。だから未然形接続――「未だ然らず」なのです。ところが打消ちゃんは違います。ないことは事実です。「ないこと」は連用形の世界で起こっていることなのです。

そんなこんなで二面性を持った助動詞である、という考え方に基づいて、ver.2.0において打消ちゃんは二人に分裂しました。その片割れが次のコ。

ず（白）

鏡によって反転した打消ちゃん。これによって、打消ちゃんが非現実の世界に登場するようになります。打消ちゃんの、現実世界では口が裂けても言えないヤバい本音を言える方の姿です。我欲を詰め込んだ毒舌メイド。現実世界の打消ちゃんのことは、「いい子の私」「大嘘つきの私」と呼んで気持ち悪がっています。悪い子であるという自覚がある、けど暴言と暴力は止められない、悲しきモンスターです。

- **ボブヘアー**　黒から反転させたので白く、長かった髪を反転させて短くしました。髪は完了「つ」と同じくらいの長さ。ヘッドドレスはそのまま変わらず、同じものをつけています。アリリボンが靡くとシルエットに動きができるので、大変助かっています。
- **ベルト**　黒いベルトは未然の証。そもそも未然形接続の連中は「余計なものをたくさん付けた」デザインにしているので、こっちの打消ちゃんは情報量多めです。

む

むっちゃんは、文に埋没して見つけにくいという設定から存在感が薄く、パーカーのフードを目深に被っています。それを理不尽に思っていつも不機嫌そうな顔。「む」っとしています。文末ではフードを取って存在感を出す、本当は目立ちたい感じの女の子でした。デザインコンセプトは、「未然形の女の子バージョン」。未然形は「非現実」を表す活用形ですが、むっちゃんが表す意味……推量、意志、仮定、勧誘、適当、婉曲……って、ウンザリするくらい覚えさせられたやつ、実は全部未然形の持つ「非現実」の意味の中に収まってしまうんですよね。本当はむっちゃんって、未然形が本来持ってた意味を受け継いじゃった助動詞なのではないか？　という考え方から、未然形とむっちゃんはお揃いにしようと考えていました。（「未然形」参照）

- **三つ編み**　むっちゃんのトレードマークです。これがすべての「む族」に適応されます。髪色は白に近い空色をしています。寒色の究極系です。
- **パーカー**　実はくじらがモチーフだったりします。生き物の中で最も大きい脳を持つくじら。暗い海の底で、一体何を考えながら一生を過ごすのか……という、黙する哲学者のイメージが、何故かくじらにあったので。（本当はシャチとかもよかった）
- **へそ出し**　未然形があんな格好してるからむっちゃんもこんな格好しないといけなくなった。
- **レッグリング（ガーターベルト）**　皆さんご存知の、アレです。アレアレ。実用性の無さがポイント。
- **ハイテクシューズ**　カラフルなスニーカー。むっちゃんは考えながらあちこち放浪する哲学者という設定ですので、歩き疲れないように高機能な靴を履かせました。そういえば作者が小学生の頃は、速く走れそうな靴を血眼になって探した記憶がありますね。今の子どもたちもそうなのかしら。

少し落ち着いたス〇フキン
考えることとの擬人化。常にふらふらしながらあれこれと思考を巡らせている。実体があるような気もするし、ないような気もする。いつでも第三者顔。
み吉野の山のあなたに宿もがな世の憂き時のかくれがにせむ
む
未然形接続
意志・推量
・一人称……ボク
・身長……167cm
・好きな食べ物……ブドウ糖

じ

未然形接続
打消意志・打消推量

いじられキャラな一昔前のネットアイドル

打消でも推量でもない、たった一人の自分探しのためにアイドルになった。未然形世界の中で誰よりも未来を追い求める、泣く子も黙らす一等星。

わが恋に
くらぶの山の桜花
間なく散るとも
数はまさらじ

・一人称……ボク
・身長……150cm
・好きな食べ物……ポテトチップス

じ

活用が「○○じじ○」で、あまりにも覚えやすいことで有名な打消推量ちゃん。教育においてはシンプルイズベストですが、作品としてはこれ以上キャラ付けのしようがなくて困った記憶があります。呼び方も悩むし。

猫耳は「ジジ＝黒猫」としてですが、お前それ猫耳メイドとか王道通り越して味しないぞ、などと言われてしまいそうです。

- **ぽんぽんおさげ**　初期デザインでは推量との連続性により三つ編みをしていました。が、最終的には打消との連続性を取って三つ編みを剥奪。三つ編みっぽいシルエットのぽんぽんおさげをしています。これは「ず」と「じ」の音の連続性を優先した結果です。打消推量って、打消からも推量からもキャラ設定できるはずなのに、なんでこんなに迷走してしまっているのか。
- **ヘッドドレス**　「あり」系の活用は含まれていないので、リボンはついていません。代わりといってはなんですが猫耳を着用しています。赤い色彩がないと黒白はあまり映えませんねえ……。
- **メイド服**　打消「ず」からズレた子として、同じメイド服を着せていますが、よく登場して働いているかと言われるとそうでもない。そのくせ出てくるとめっちゃ目立つということで、「じゃ、形だけメイドで実用性はあまりないってことで」と、その場のノリで決まってしまったメイドコスの女の子です。ミニスカメイド服。腰の高い位置からスカートを始めることによって足を長く見せるテクニック……とはいえ、未然形世界なら姿を自由にカスタマイズできそうですよね。
- **編み上げ靴**　足元は、やはり打消として×を組み込むしかなかろ、と思い、入れました。未然形接続の非現実感演出のために、もっとごつくしてもよかったかも。

まし

未然形接続
反実仮想

お洒落大好き夢見がちガール

あらゆるものに悪戯に心を動かす夢みがちな乙女。自分が主人公の小説を書くが、そうなる未来を望んでいるわけではない。願望は叶わないからこそ美しい。

世の中に
たえて桜のなかりせば
春の心は
のどけから
まし

・一人称……私
・身長……154㎝
・好きな食べ物……マシュマロ

まし

この夢女子には絶対にロリータ着せるぞという確固たる意志を持ってリデザに臨みました。とはいっても基盤にあるのは私の謎ファッションセンスですので出来上がるのは謎ファッションです。袖から伸びたヒラヒラは、当初は金魚のヒレを想定していたのですが、長く見続けているうちに「なにこの謎布は」と我に返ったタイミングがありました。

・三つ編み　実はましさんの「ま」はむっちゃんの「む」なのであった……という衝撃の事実をもとに、「ま族」もとい、亜種「む族」として髪型に三つ編みを取り入れることになりました。むっちゃんの推量の意味から離れれば離れるほど、三つ編み要素が気持ちばかりの編み込みへと変わっていきます。亜種「む族」のなかではましさんはそこまで離れていませんので、分かりやすく三つ編みしています。ただのおしゃかわではないのです。

・チョーカー、ベルト　ごちゃごちゃしていますが、未然形の共通要素として欲しかったので。足し算のデザインです。

・スカート　スカートのすそ部分の模様は、浮き草であるホテイアオイの花びらをモチーフにしています。浮き草、根無し草……どこかに流れて行ってしまいそうなそんなイメージです。

・タイツとハイヒール　ヒール部分は泡がモチーフで、タイツは水滴が付いているデザインです。触るとぷよぷよと移動します。実は、ましさんの隠しモチーフは「人魚姫」。実現不可能な願望、叶わない夢という悲劇的な意味から、人魚のおひい様を連想しました。……ましさんの場合、叶えようとする努力はあんまりしませんが。

●コ話

「む族」は三つ編みを継承することにしましたが、助動詞自身が複雑な思考をすると髪の毛がカールし始めるというのもアリだな……と思い始めた今日こ

の頃。揃える意識をしていたつもりはなかったのですが、連用形接続たちはなんだかストレートの子が多いなあと。そして思考を手放した瞬間から三つ編みが解ける、なんてのも面白いかもしれない。

まほし

未然形接続
願望

小綺麗な歩く二〇二〇大百科
可能性を夢見て頑張る人のプロデュースを行う演出家。善意ではなくその先にある利益のために活動している。利益のためなら、より良い未来も渇望する。

- 一人称……俺
- 身長……165㎝
- 好きな食べ物……練り飴

まほし

まほ氏です。この子のキャラデザは初期案からほぼ変わっていません。

「まほし」は「まし」「まうし」と同じく亜種「む族」、別名「ま族」の仲間です。「ま」＋「欲し」という単純な造りな上に、「魔法少女」と「欲し＝☆」という安直なデザインコンセプトで、正直あまりいじり甲斐がないですね。「まほ」までなら人の名前っぽいのと、「願望」というポップでキャッチーでファンシーな意味で、割と「助動詞として好き」な人も多いというか。そんなんで非常にキャラクター化しやすかったです。逆に安直すぎるかな、と不安に思うくらい。

「欲し」という形容詞を内包した存在らしく、彼女が最も欲しいものは、未然形接続に蔓延る承認欲求を満たしてあげる代償として支払われる仮想通貨、という設定です。

- **編み込み**　寒色系……に含めてよいのか微妙なところですが、紫色です。活用に「あり」系を含むので、三つ編みはアリリボンで留めています。未然形接続で「あり」系を含むのって打消ちゃんと「まほし」だけなのですが、存在詞がつくとなんだか自我が強くなる気がします。……助動詞の自我って……？
- **チョーカー、ガーターベルト**　未然形接続の共通モチーフ。
- **スマホ**　インフルエンサーのマストアイテム。ビジネスチャンスを無駄にしないために一日中見ています。ただし、自撮りはあまりしません。バズりを求めてカワイイ女の子やイケメンを撮って拡散します。他人の承認欲求を満たしてあげるのが彼女の役目。
- **軍服**　「インターネットは戦争」という彼女のポリシーを反映したもの。SNSではバズり続けた人のみが生き残る。飽きさせないように、されど媚びすぎないように、戦況を見極めて火種を投下する。

まうし

未然形接続
打消願望

圧倒的陰キャの名物ネットユーザー

注目されたい、評価されたい、でも炎上したくない、ただの一般詞民。基本悲観的で、杞憂民。誰かを批判することでしか注目される方法を知らなかった。

なさけありし
昔のみなほしのばれて
ながらへまうき
世にもあるかな

・一人称……ボク
・身長……164㎝
・好きな食べ物……グミ

まうし

こいつの話、要りますか？　要りますか。

「まうし」はましさんや「まほし」と同じく、亜種「む族」の仲間です。が、こいつに関しては知らねーという人が多いでしょう。それもそのはず、高校古典には基本出てきません。超古典好きで教科書の隅々まで見てたという人じゃなければ、こいつの存在は知らなくて当然。

と言っても構成は「ま」＋「憂し」で、とってもシンプル。意味は、便宜上「打消願望」としましたが、まあ、「〜たら嫌だ」くらいでいいんじゃないですかね。そんな意味なので、こいつの性格も後ろ向きの捻くれ者。引きこもりでネットに巣食い、炎上を危惧して病む根暗です。

もし気に入ってくださった方がいれば、ぜひ古典作品に潜む数少ない彼女を探してあげてください。

- **髪型**　そこはかとなく「む」要素の編み込みをしています。髪がくるんと上にはねているのは牛の角に見立てているから。「ま」＋「牛」っつってね。古典にも牛車出てくるけどこの角の形だと水牛ですね。
- **メガネ**　暗闇でブルーライトを浴び続けた結果です。
- **部屋着**　いつでも寝っ転がれる姿です。目立たないように余計な装飾は無しで。靴下に打消要素の×が付いています。
- **スマホ**　何度も床に落として画面バッキバキになってそう。変な挙動するけど動くからいいか……って言って、そのまま使ってそう。

けむ

連用形接続
過去推量

周りが強すぎて　大事なことが言えない、はんなり美人

「む」の妹。常に後ろ向きで、後悔と自己嫌悪ばかり。毎日どうしてこんな辛い世界に来てしまったのだろうと考えている。しかしやらないわけにもいかず、連用形世界でギリギリ過ごしている。

よそにのみ聞かましものを音羽河
渡るとなしに
水馴れそめ
けむ

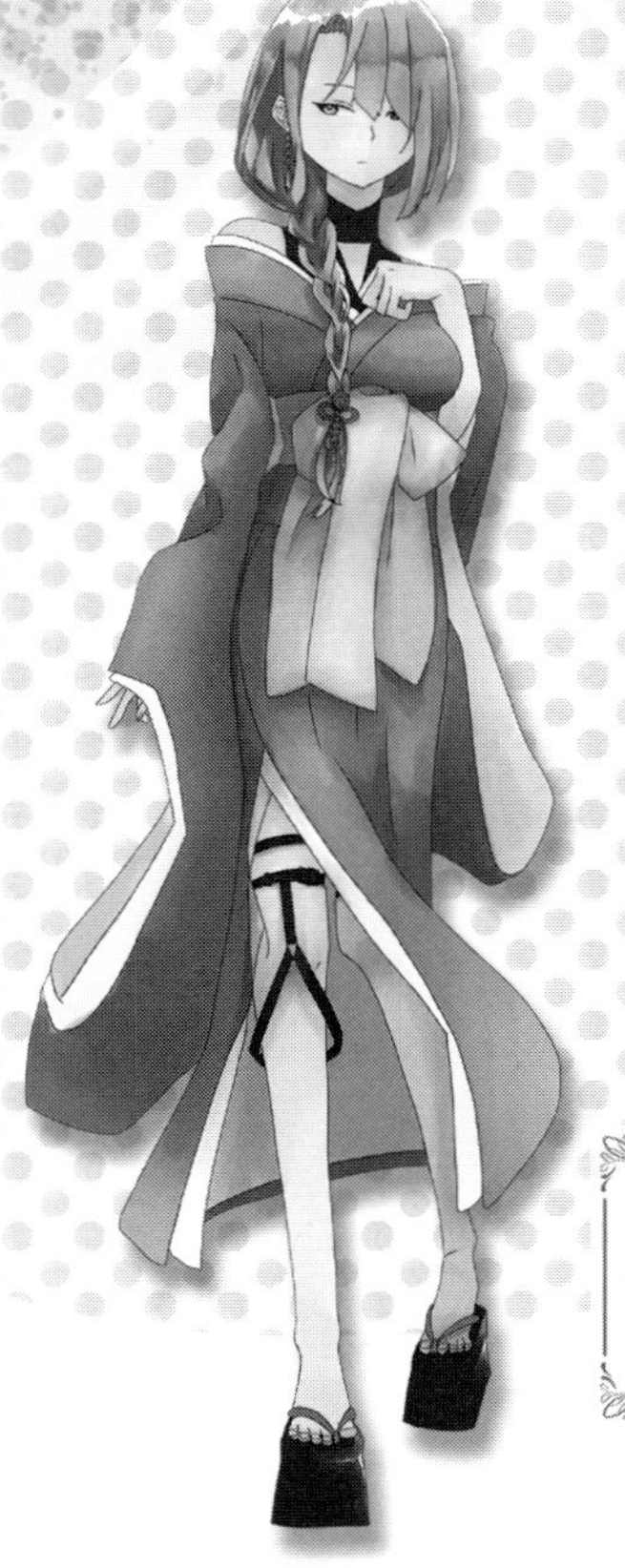

- 一人称……うち
- 身長……159cm
- 好きな食べ物……おかき

けむ

けむちんは連用形接続ということで歴史っぽい、和服を着ている、そのうえで「む族」の未然形っぽさ、浮世離れした感じを出すというコンセプトのもと、イメージに花魁を選択しました。そんなわけで、彼女は連用形接続の中でも異端な存在。水中生物を無理やり改造して地上で生活させているようなものです。かなり繊細でじめっとしている。ちょっと突っつくとすぐ蒸発しそうな感じのけむちん。ですが、次第に環境に馴染んでいって、上司ともそれなりに付き合っていけるようになります。そろそろ「考える」ことも忘れていきそう。

- **三つ編み**　「む族」の証です。連用形接続の雰囲気に合うように、くすんだ緑色——抹茶色にしました。1本だけなのは、「む」から意味的にちょっと離れたから。
- **黒インナー、ガーターベルト**　むっちゃん要素です。着物との相性は……。
- **着物、帯**　花魁モチーフなので、肩出しが許されています。帯も前結びです。夜の蝶。
- **アクセサリー**　髪留めは水引、ピアスのデザインイメージは藤です。花言葉は「優しさ」。
- **下駄**　重そうな黒板消しクリーナーどすなぁ……というのは冗談で、花魁道中では背の高い下駄を履くので、それを踏襲しています。今でも厚底ヒールが流行ってますので、その源流かも？

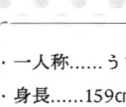

らむ

作画者にとって最も思い入れのある助動詞なのですが、人気投票を開催しても、いろんな方に聞いてみても、どうしてもこの子のことを「一番好き！」と言ってくれる方には未だにお会いできていません。そんな状況が続くと私の心に「こいつの良さを解ってるの俺だけだから男」が出てくるのでなんとか避けたいのですが……。

そもそもこの子がこんなに捻くれた性格になってしまったのは、私が第一案を提出した際に、コ問が「あのな……」と徐に切り出した話のせいでもあったのです。それはそれは専門的な語学話で、それに釣られてまんまと論文を読み出し、気がつけばこんなところに来ていました。なんか、ほんと、なんで……？

- **三つ編み**　「む族」なんていう括りが生まれる原因となったのがこいつ。むっちゃんのモチーフ何か取り入れたいなー似せたいなーというのは最初から考えていました。そのため、はじめは三つ編みを継承しようとして、む↓2本、けむ↓1本、らむ↓3本と、なんとなく差異をつけてデザインしていました。でもコ門の話を聞いてから「こいつ、さてはむっちゃんの正統後継か……？」と思い直して、あまりむっちゃんから要素を変えないようにと三つ編みの本数を同じにしました。
- **青い着物**　むっちゃんのパーカーと同じ色です。終止形接続の中でも特に浮いている、全身寒色系の、ほぼ未然形接続なんじゃないのというカラーリングをしています。
- **革ベルトの帯**　黒いベルトを4本もつけています。ゴツいです。抑圧された感じを表現しようとしています。
- **ピアス**　左右4つずつ。軟骨にもピアス開けています。なんでピアスかというと、私がピアス好きだからです。
- **羽織**　肩にかけて固定しています。ひらひらとして見栄えがいいのもそうで

ひさかたの光のどけき春の日にしづ心なく花の散るらむ

・一人称……私
（あるいは「あたし」）
・身長……165cm
・好きな食べ物……ラーメン

扱いに困る悪役令嬢風ツンツンツンデレ

「む」の思考から切り離され、終止形の世界にやってきた女の子。誰も信じないし、誰も愛さないようにしている。自分の心を壊さないために、思考するのを避けながら過ごしている。

らむ
終止形接続
現在推量

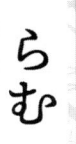

すが、むっちゃんと比較したとき、音声的に「余計な一音」が欲しかったので。

●コ話
見えない意味

こいつだけを贔屓するのは作家としてNGだなと思うのですが、こいつについて私が異様に詳しくなってしまっているのも事実です。ちょっとだけ語らせてください。

名だたる文法・国語学者の先生方が、昔からず～～～～～っと「らむ」の話をしているのはご存知でしたか？　特に「らむ」の意味について、です。「なんで？　現在推量じゃないの？」って思うでしょう？　でもぶっちゃけ、そんなに現在のこと推量するタイミング、ないんです。「む」でいいじゃん、ってことの方が圧倒的に多い。じゃあなんて意味があるのか、というと、それがどうもみんなバラバラなんです。「詠嘆」「後悔」「自責」……現在推量で訳そうとするとなんか違う、でも現在推量みたいに意味の名前を付けようと思うとちょっと含みこんでいる意味が複雑すぎて困る、というようなはみだしの意味が「らむ」にはあるんです。私が研究しているのは、そのはみだしの意味の方。拒否感を含んでいる場合もあることから、心の中では勝手に「ブチギレのらむ」と呼んでみたり。

でもどれだけ議論が白熱しようと、こいつの意味はいつまで経っても「現在推量」から変化しません。なぜならそう訳せてしまうから。ちょっとくらい違和感があっても、「今頃～しているだろう」で訳して、まあいいか、ってなってしまうんです。

でも、文学はそうあるべきではない。昔の言葉を今の言葉に置き換えるとき、なんとなく、これで訳して意味が通るからまあいっか、っていうのは文学の読み方ではないと思うんです。

言葉を別の言葉に置き換えるとき、とにかく慎重に、繊細にならなければ、原作者の心を無下に扱ってしまうものではないかな、と思います。助動詞一つを取っても、そこに含みこまれた作者のどうにもならないぐしゃぐしゃな感情を、「現在推量」というあだ名で処理してしまっては目も当てられません。そこに現れた「らむ」という形式と、そこに含みこまれた見えない意味について、気が付いてくれる人が増えたら、きっと古典文学の世界はもっとエモーショナルに、もっと色鮮やかに、もっと共感できるようになるんじゃないかな……と、私は淡く期待しています。

●コ話

世界観の設定

ｖｅｒ．1.0の時点で、各キャラクターにはそれぞれの意味を視覚的に捉えやすくしたデザイン要素が入っていたのですが、ｖｅｒ．2.0では、それらについて「これいつどのように使うのか…？」と考えていた結果、止め絵としてのデザインにとどまらず、この子たちがどう動くのか、を考えずにはいられなくなりました。あとで出てくる連用形の子たちが武器持ちだったこともあり、まず「連用形接続の子たちは戦う」という設定が生えました。戦うならば敵がいる、ということで、敵勢力は連用形と逆の立場の未然形か？ いや言葉の世界というものがあったら連用形vs未然形よりは、既存の言葉vs新しい言葉という対立構造の方が一般的だろうな〜……など、うだうだと世界観構想が膨らんでいきました。そして、「そもそも当たり前のように言葉が自由に喋って動いているここはどこ?!」という疑問。

そこでｖｅｒ．2.0を作成した際に、彼らのいる「言葉の世界」という創作の世界観を共通認識として一度確立させせました。「言葉の世界」には大きく分けて三つの世界があります。

一つは現実世界、ここは連用形の領域です。連用形接続の助動詞たちを始めとして、既存の言葉たち（「一般詞民」）が暮らす場所ですが、そこには毎日のように、「新出単語」を名乗るエネミーが出没し、既存の言葉たちの居場所を奪おうと襲いかかってきます。そのエネミーの様子は多種多様で、黒いモヤのようであったり墨汁のような液状であったり人型をしていたり……、言葉自身の認知度によって姿が変化します。その侵攻に抗うため、連用形と連用形接続の助動詞たちは日々戦っています。

二つ目は非現実世界、未然形の領域です。仮想現実の世界であり、「新出単語」と名乗る言葉はこの世界で生まれます。ところがこの世界でしっかりとした顔を持っていたとしても、現実の世界では幽霊のような、いるようないないような存在にしかなれません。いつか言葉として認められることを夢見る彼らは、可能性の世界で大志を抱いて眠ります。未然形接続の助動詞たちは、膨大な感情が溢れては消えゆく世界で、現実世界に抗うでもなく、ただひたすら日々を泳いで暮らしています。唯一、打消「ず」を除いて。

三つ目は神様の世界、終止形の領域です。なのですが……正直、これはいまだに悩んでいる部分でもあります。終止形の世界は現実でも非現実でもない中間点として設定したつもりでしたが、終止形接続の助動詞たちに引っ張られた結果、山の上の神社を中心とする人里離れた神秘的な場所、という、他二つの世界に比べてふわっとした設定になってしまいました。感覚的には霧が立ち込めた後、知らないうちに異世界に迷い込んでしまう、みたいなイメージでした。いずれにせよ不思議な、神隠しが起こりそうなスポットとして知られる、一般詞民は普段あまり近づかない場所という感じかなと思います。

細かい設定は置いておいて、以上が大まかな世界観としてあり、この上にさらに「日国（『日本国語大辞典』のこと。みんなニッコク呼び）に掲載されていない語が不法侵入者として処分が下される地域」というワクワクな設定があったり、「古典語としての消滅エンド」なんていうのも想定していました。個人的にはそういうの大好物なのですが、仲間と話しているうちにこうしてどんどん設定が追加されていくのを見ると、同人活動って楽しいなぁと思います。

そんなこんなで世界観がある程度固まったうえで、ｖｅｒ．2.0の各助動詞、活用形の設定が深掘りされていきました。助動詞の各論から出発した1.0に対して、活用形→助動詞の順で体系を再考したのが2.0だと言えるかもしれません。

べし

終止形接続
意志・推量

怖そうで怖くないちょっと怖い神様

「らむ」の思考放棄により生まれた願望器であり、この世界のかみさま。この世のありとあらゆる苦しみは彼女のせいにされ、彼女は全てを背負い込むことで人々を救う。

いつまでか
野べに心のあくがれむ
花しちらずは
千世も経ぬ
べし

・一人称……私
・身長……178cm
・好きな食べ物……米

べし

「む」と同じ、推量というあだ名がついていても、中身は全くの別物だ！　ということが一目でわかるのではないでしょうか。ガチ神らしく、ちょっと怖い顔をさせています。

「べし」の性格上、柔和に微笑む女神様というのがあまりピンと来なかったというのもありまして。かっちり着込んで後光が差しててなんだか声をかけづらい、そのうえで男性寄りな顔をさせたいという気持ちが強かったのです。声も低くて一瞬男の神？　と思っちゃうくらいのイメージで。

混沌とした終止形接続のシリアス担当だと思ってくれ。

- **冠、紋章**　「べし」の基本イメージは天照大神で、日の出をイメージするデザインを冠と額の紋章に入れています。
- **目元**　なるべく男の人っぽい目元、を目指しています。本人にそんなつもりはないのですが、デフォルトで人を見下してるように見えてしまう感じで。あらゆる情報が見えすぎた結果、目を伏せたり閉じたりしていることの方が多い気がします。
- **衣装**　下半身は裳（奈良版スカート）を意識してデザインしました。色んな日本神話の神様の画像をキメラ合成したもの。なお裸足です。
- **アリリボン**　「あり」型活用を持つので。ただでさえ強いのに、リボンまでついてしまったらどうなってしまうんでしょう。そう、「べからず」が生まれるんですよね。「まじ」の役割を片っ端から奪っていきます。

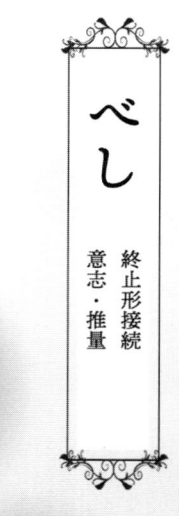

よそにては
惜しみに来つる花なれど
折らではえこそ
帰るまじけれ

・一人称……私
・身長……180cm
・好きな食べ物……ステーキ肉

言うこと為すこととやんわり全否定してくる女神

「べし」と同時期に姿を現した、もう一人のかみさま。思考を奪うことで人々を救う。苦しみを取り除くために必要なことならば破滅も選ぶ。やっていることは「べし」と同じのつもり。

まじ
終止形接続
打消意志・打消推量

まじ

打消推量は基本、「ざらむ」と「べからず」でなんとかなってしまうので、やはりあまりぱっとしないコだなあと思います。

ver.2.0では「べし」を「東の神様」とした際の「西の神様」というイメージでデザインを改め、「まじ」が持っている特性として「「べし」と対になる」ということを意識しています。かなりパンチの効いたキャラデザインになっているのではないかな、と思います。

・**羽、紋章**　紋章は壺に収まる水を、終焉のモチーフとしてデザインしたものです。頭の羽は造形的に逆Ω字になるものがあると良いなと思ったので。

・**外ハネの髪**　銀髪でトゲトゲしています。衣装が控えめな分主張しようと思ったので。

・**衣装**　古代ギリシャのワンピース。実は布一枚つながっています。清貧のイメージ。

・**アリリボン**　白に赤いリボンが映えるなと思ったので、これでもかと体に巻き付けまくりました。一番×の主張が強い助動詞です。

うたた寝に恋しき人を見てしより夢てふ物はたのみそめてき

同性からモテるタイプの貴重な常識人枠

言葉の世界の古株で、「む」とは腐れ縁。奈良朝の男服なのは、漢文を読む際に女性の姿では不都合という理由で男装をしていた名残。滅多に出さない別人格を有している。

・一人称……私
・身長……169㎝
・好きな食べ物……蘇
（チーズ的なアレ。チーズも好き）

き

連用形接続
過去

けり

連用形接続
過去

・一人称……私
・身長……158㎝
・好きな食べ物……落雁

吉野川岸の山吹ふく風にそこの影さへうつろひにけり

マイペースな事務方お姉さん

後宮出身の女の子。「き」の幼馴染。危険な任務を続ける連用形接続の戦闘員に癒しを届けるヒーラー。歌が持つ力を強く信じており、誰かに勇気を届けるために今日も歌う。

き

女子校でチヤホヤされるカッコいい系女子です。無論、何の意味もなくカッコいい格好をさせているのではありません。奈良朝の格好をさせているのも、彼女が助動詞の中でも一等古いものだからです。

正式な文書としての漢文を嗜むのは男性である……そんな時代に、きーちゃんが政治的に、正式な文書を作成する係として仕事をするために選んだのが、男装です。結果、バチバチにカッコいい助動詞になりました。チヤホヤしたい。

・奈良装束　奈良朝の男性装束です。紫色は西洋問わず高貴な色として知られているので、高貴なイメージを出せるかなと思ったのですが、暖色かといわれると微妙なような……。もう少し赤っぽい色していてもよかったかもしれない。

・太刀　完了は意味からの連想で刀を装備していますが、過去はしきたりとして刀を装備しています。文官ですので、実際に抜刀して戦うということはありません。

・靴　奈良時代の靴は黒塗りの箱（＝沓）……ってことで。蹴鞠してると脱げます。そして飛んでいって野郎の頭にぶつかるのだ。

・しか　「せ〇きししか〇」というあたおか活用をするきーちゃん。実は終止形の「き」とそれ以外の奴らは別人なのではないかという噂がまことしやかに囁かれているとか。そんなわけできーちゃん、「き」以外の人格が稀に出てくるという設定でして、その間他の人たちは謎の「鹿まる」を幻視します。「しか」だから？　いいえ、奈良だからです。

けり

私の母の「「けり」可愛い」の一言によってけりちゃんが人気筆頭の助動詞だと勘違いするようになりました。『伊勢物語』なんか文末に「けり」ばかり出てくるので、高校生が真っ先に覚えるのもこの助動詞なのではなかろうか。

けりちゃんはきーちゃんとニコイチで作られた子です。きーちゃんを柔らかく朗らかにしたのがけりちゃんですね。柔和なのは、和歌の中で詠嘆の意味を持つという理由から。というかあれ、けりちゃんの意味じゃなくて和歌としての詠嘆性なんじゃ……というのが私の中での流行りです……が、そんなことはどうでもいいですね。とにかく、この子は歌が得意っていう設定です。きーちゃんが漢文イメージなら、けりちゃんが仮名文イメージでしょうか。

・奈良朝の服　あらためて描くとめっちゃ作画コスト高いことに気が付きます。布が多いしひらひらしているしもはやドレス。奈良朝のひらみのある服って奥が深くておしゃれです。

・靴　有職故実も履修していたはずなんですが……。おそらくパンプスです、普通に。そんな難しいものじゃないです。

・翳　「えい」といったり「かざし」といったりしますが、まあ扇です。顔を隠したりするのが主な使い道。実は縁が「ケ」の形だったりする。

つ

連用形接続
完了

起きもせず寝もせで夜を明かしては春のものとてながめくらし　つ

圧倒的陽キャの主人公属性

元気はつらつ。常に全力で生きている女の子。生きている以上は傷つくし、悩んだり迷ったりもするが、それでも前を向いて頑張ることができる、悩みも不安も振り切れる強さを持つ。

・一人称……あたし
・身長……156㎝
・好きな食べ物……いちご大福

つ

頑張る元気系ヒロインです。どれだけ辛くても痛くても、世界のために、連用形のために頑張ります。だって信念があるから。それが彼女に課せられた使命だから——ん～推せる～好き～！　失礼取り乱しました。推しに対してポエム読みたくなる病に罹患しております。

つーちゃんは正統派ヒロインポジで、私の中ではだいぶアイドル化されてます。逆境に向かって頑張るコ、大好き。逆境に置いてるのは私ですが。

- **おかっぱ**　髪の毛は短い方がなんとなくアクティブで元気なイメージ、という王道デザインです。カチューシャリボンはぬいちゃんとお揃い。
- **和装**　丈が短い着物で、元気っ子を演出しています。割と真面目な着物……と言い張っていますが、丈が短いので変形和装では？　ニーハイソックスとか、もうオタクの考える和服だとしか思えません。が、しかし、和服は和服です。つまり連用形接続です。断固。
- **刀**　完了という意味が「動きがそこで切れる」というイメージだったことから。意味をビジュアルに落とし込む発想の発端とも言えます。
- **ぽっくり**　下駄のことです。語感が良いので何度でも言いたい。

ぬ

つよつよバーサーカー系ヒロインです。

考えないから強い——彼女を端的に表す文言でしょう。未然形やむっちゃんの惑わしも世迷い事も、彼女には通用しません。強靱な精神力を持つという設定は、「つ」と比べたときに意志性が無いところに由来します。「つ」が、言葉を斬ろうとして斬っている（意志性）のに対して、「ぬ」は斬ったという結果だけが残る（非意志性）、そんなイメージで、何のために言葉を斬っているのかも考えたことがないという設定です。それってただの馬——いえ、彼女の強さの前ではそんな言葉も無意味です。

- **髪の毛**　眉上で切るデザインにしました。つーちゃんとの対比で、こっちはロングヘアです。髪の長さは打消ちゃん（の連体形＝「ぬ」）とややこしい、という類似性から同じくらいの長さをイメージ。
- **着物**　丈の長さが普通なのに、本人の動きが俊敏なので普通じゃないです。そんな丈の着物を着てどうやって戦場を駆け回れるのか、意味不明。
- **刀**　言葉は切られても血を流しません。代わりにインクや墨汁で、刀は常に真っ黒。いずれ妖刀として恐れられる『天衣無縫』です。ちなみにつーちゃんの刀は『中通外直』。

春の野に
若菜摘まむと来しものを
ちりかふ花に道はまどひ
ぬ

ぬ

連用形接続
完了

大和撫子で真っすぐな戦闘狂

成績優秀、能力抜群の女の子。勤勉で努力家、曲がったことが嫌い。ただし、自分が何のために努力して、勉強しているのかは知らないし、分からない。考えないから強いのかもしれない。

・一人称……あたし
・身長……157㎝
・好きな食べ物……最中

たり

たりり～ん。鬼です。後づけですが一応理由があって、現代語の過去「た」はこのコ、つまり「まだ生きてる＝不死身＝鬼」みたいなこじつけがあります。存続＝長く続くイメージ＝連続して弾丸が射出されるガトリング砲装備ということで、主に銃火器で戦うバーサーカーというキャラになりました。腕っぷしの立つ、「言葉殺しの天才」です。

- **髪**　「たり」は「て」＋「あり」で、「あり」を含んでいるのでアリリボン。意味的にも癖のない、ストレートなポニーです。
- **袴とブーツ**　たすき掛けもしているので、かなり動きやすい恰好ですね。これなら重火器をぶっ放していても全く問題ありません。
- **角**　同業の羊ツノと比べて「接続が一本で簡単」という意味があったり、なかったり。

り

今宵あなたのお家に押しかけ女房ヒツジ。已然形接続なんてものがあるとしたらりっちゃんしかいません。そのため已然形との絡みを推しに推した結果、已然形推しのガチ恋オタクが誕生したという経緯があります。りっちゃんは、存在詞「あり」の「り」の部分が切り出されたもの。絶対に「え」の音に付く、ということから已然形からは「えり」と人の名前風に呼ばれていますが、「え」の部分は已然形要素なので、「私が「えり」になったら已然形が已然形じゃなくなっちゃうだろ！」という会話を毎回のようにしています。

たりりんとりっちゃんはどちらも「存続」の意味を持つことから継続性のある重火器、ガトリングを装備。殺戮行動の容赦のなさでいえば人の心とかないんか？　レベルですが、りっちゃんは已然形の書く小説を嗜む文学少女でもあるため、たりりんと比較すると人の心があります。

- **ふわふわの髪の毛**　もちろん暖色系です。全キャラ「アリリボン」は赤で統一していますが、その「あり」の赤を薄めたものととらえることも可能です。
- **瞳孔**　瞳孔が縦開きのたりりんも人外ですが、横開きのりっちゃんはかなり人外度が増します。
- **羊角**　「迷える子羊」が存続の「り」だから羊モチーフ！　捻じれ角については、接続が「捻じれた」コ、という部分が反映されたものかと。
- **ひづめブーツ**　とにかく羊系女子を求めて、本物の羊脚にしようとも思っていた名残がここに残っています。その夢は別で叶えたので満足しています。

たり

連用形接続
完了・存続

雁がねの来鳴きし
なへに韓衣
竜田の山はもみぢそめ
たり

天然ボケ委員長系戦闘狂

過去の助動詞「た」のかつての姿であり、生存力の高い鬼の子。傷ついて紅墨に染まりながら敵の元へ突っ込んでいく姿は最早「凶」戦士。読み書きが苦手なため、小説は読まない。

- 一人称……私
- 身長……162cm
- 好きな食べ物……馬刺し

り

已然形接続
完了・存続

春日野は今日はな焼きそ
若草のつまもこもれり
我もこもれ
り

家庭的な強火已然形担

接続が捻れた、迷える羊の子。已然形のもとに押しかけ女房している。未然形には当たりが強い。小説に感化されて、時折詩的な表現をすることがある。

- 一人称……私（ごく稀に吾）
- 身長……159cm
- 好きな食べ物……焼きエビ

らし

終止形接続
推定

天然傾向はあれど貴重な常識人枠

虚空の上の天の世界で、全てを見通す力を持って生まれた女の子。真実を知っていても、都合が悪ければ伝えない。何が真実かよりも、何を信じるかの方が大事だから。

竜田川
紅葉は流る神なびの
みむろの山に時雨るらし

・一人称……私
・身長……165cm
・好きな食べ物
……カブと柚子の漬物

らし

「らむ」と「らし」は面倒くさい」という先輩の話にあったとおり、こいつらは本当に、相当面倒くさい助動詞です。面倒くさい終止形と終止形接続の助動詞の中でも特に曲者すぎる。

「らし」はそもそも中古に入ったころには歌にしか使われない古語の扱いでした。なぜかと言えば、意味が局所的過ぎて使い道がなかったから。そうした中でも、ちゃんと厄介な、現実を超越した意味を持っていました。さすが終止形接続。そんなこんなで、現実を超越する＝不思議パワーを使う人＝陰陽師としてデザインしました。

・**銀髪**　「らし」の全体的な色彩は淡くしてあります。これは古い存在だから…などと言い訳すればするほど性癖呼ばわりされます。仕方ないね。

・**目隠し**　目隠しに開いている第三の目は、紛れもなく「らし」の目です。これで、実際には見えないけれど確かにそこにある存在を見ることができます。

・**陰陽師の恰好**　終止形接続の共通項である、変形和装を踏襲しています。その中でも古い時代のものである、水干を変形しています。今更ですが君、脚出しすぎではないかな？

ぎゃるです。ハート形のサングラスはしていたりしていなかったりします。

めり

推定の「めり」は視界に捉えた情報をもとに判断する、という意味を持ちます。「見（み）る」や「目（め）」に通じるマ行音＋「あり」だとかなんとか。そのため、より「目」や「見ること」を強調するデザインをしています。首から下げたカメラもその一環で、心霊写真を撮影して除霊を行う霊媒師を自称しています。

終止形接続は超能力者、というか神がいるので、自分も超能力を扱えると勘違いしている一般人。ですが、それはそれとして炊事洗濯など、神様の身の回りのお世話を率先してやってくれるオカンです。

- **髪型**　ゆるいウェーブを描く天然パーマ。
- **眼**　せっかく「目」に関わるのだから印象的な目にさせたいと思い、ピンク色の瞳の中に黄色いお花を咲かせています（ビジュアルだと分かりづらいのですが）。それからハート形サングラスも、「目」に関わるものとして装備させています。
- **カメラ**　カワイイ！　をキャプチャーするための小型カメラです。本人はその他にも、悪霊を祓う力があると強調していますが、そんな力は彼女にもカメラ本体にも備わっていません。オカルトに興味津々なお年頃。
- **変形和装**　同じ推定の「らし」と比べればかなり頓珍漢もとい、ハイカラな衣装を着ています。未然形が非現実＝近未来の格好、連用形が過去＝歴史を感じる格好、ということで、終止形はその間を取った改造和服を着ています。

めり

終止形接続
推定

無邪気妹系 社交性バッグンのボケ担当

光を反射して「映える」ものを愛する、ちょっと天然の女の子。愛用のカメラは年代もの。かみさまと一緒の世界にいるせいで、自分もすごい力が使えると錯覚している。

- 一人称……あたし
- 身長……158㎝
- 好きな食べ物……おにぎり、梅紫蘇味のふりかけごはん

伝聞

なり

終止形接続
伝聞・推定

ボケまくり、打消ちゃんに全てを託す厄介な芸人

たぬきみたいな格好をして、いつもヘッドホンを付けている、ふしぎな女の子。同じ名前の断定「なり」と常に漫才している。そんなふつうの毎日がずっと続くことを願っている。

・一人称……あたし（たまにワイ）
・身長……158cm
・好きな食べ物……天ぷら、蕎麦

わが庵は都のたつみ
しかぞすむ
よをうぢ山と人はいふ
なり

なり（伝聞）

たぬぽんです。ヘッドホンと変形和装とケモ尻尾がうまい具合に噛み合ってくれましたね。ちなみに、それ以外の部分にもこだわりいっぱいあります。

伝聞の「なり」は「音（ね）」「鳴（な）く」「鳴（な）る」などにつながるナ行音＋「あり」で、耳から入ってきた情報をもとに判断する、という意味を持ちます。彼女の耳付きヘッドホンにはそういった「耳」を強調する面があります。推定ナリメリコンビは永遠にバカというイメージがつきまとってしまう運命です。

- **まろ眉**　何を考えているか分からないギャグ要員になりました。
- **耳付きヘッドホン**　分かりやすい「聴覚」要素です。こんな色の猫耳ヘッドホンは実際にあるのか、とかは考えていません。普段は特に音楽などは聴いていませんが、ノイズキャンセリングだけは常に稼働しているとかなんとか。
- **帯**　ただ「帯に太鼓らしいモチーフが描かれている」だけです。たぬき囃子的な。聴覚を刺激する、的な。
- **服装**　袴ではなくプリーツスカートで、雰囲気だけ袴っぽいです。断定「なり」がガチ巫女なのと対比させたものですが、やっぱりどこか伝聞「なり」は「偽物感」があります。ちなみに推定ナリメリラシが全員脇出しなのは意図したものではありません。「推定は脇で息してる」と言われて初めて気が付きました。
- **ショートブーツ、尻尾**　モフみです。靴はプリキ◯アのアニマルブーツにも影響を受けています。今ドキの方ではなくて、ヅカの大階段を召喚する方の。

あさなけに
見へき君としたのまねば
思ひたちぬる草枕

なり

安定したツッコミをこなすゆえ、
打消ちゃんの天然ボケが加速する

実はきつね。九尾だがそれらしい神通力を使ったことはない。同じ名前の伝聞「なり」とはコンポン的に波長が合う。終止形たちの様子がおかしいのは知っているが、あぶらげが美味いので忘れてしまう。

断定
なり
連体形接続
断定

・一人称……私
・身長……148cm
・好きな食べ物……きつねうどん

なり（断定）

おきつね様。見た目は区別がつきにくい二つの「なり」を、きつねとたぬきの対で表現しました。伝聞「なり」のたぬきの概念コーデとは違い、こっちはマジもんのきつねです。というのも断定「なり」は厳密には助動詞というより、述語化語尾という方が近いコで、生物の分類的には「る／らる」「す／さす」の括りに入れた方がしっくりくる「語尾族」です。伝聞「なり」と似て非なる人の姿は一般的な括りの「助動詞」に化けたあとの姿、本体は動物形態ということで、断定「なり」は二つの姿を持つことになりました。

本来の姿

- **おさげ**　厳密にいうと断定「なり」は助動詞ではないので、女性ではありません。かといって、男子でもありません。伝聞「なり」との表面的な類似性をとっておさげ髪をしています。
- **巫女服**　伝聞「なり」とは違って、断定「なり」は袖がつながっています。ver.1.0の制作メモには「スレンダーな儚げ美少女」と書かれています。
- **きつね要素**　きつね要素は、たぬきと裏表になる＋幻獣っぽさとして取り入れられたものです（たぶん）。伝聞は「偽たぬき」なのに対し、断定は「本物きつね」を意識してデザインされていました。推定などという曖昧モコモコとした意味と反対に、断定というバッサリ切り捨てな意味を持つので、キリっとした狐目をしています。

●鈴　たぬきに太鼓モチーフ入れたんだからきつねも何か楽器入れるか……と思ったのですが、伝聞は「音」だから楽器を入れたのであって断定に楽器を入れる必要はありませんでしたね。ここは神社らしさということで一つ。

●コ話

推定三バカの背景設定

終止形接続たちは人里離れた桃源郷、この世ならざる世界に住んでいるという設定です。陰陽師と偽巫女とオカルトマニアの三バカは、「べし」「まじ」のために終止形世界に神社を建ててそこに住んでいるという、ざっくりとしたイメージで進行しています。かつては神を信じる熱心な信徒が大勢いたものの、人類の科学の発展が神を殺したことにより信仰は地に落ち、神社は常に財政難にあります。

……というのも、推定三バカは何となく「貧乏そう」というイメージが先行してあったので、そんな感じで後から前述のような設定が生えました。

る／らる
未然形接続
受身
・一人称……ボク
・身長……25cm
す／さす
未然形接続
使役
・一人称……俺
・身長……27cm

る／らる
す／さす

正確には助動詞というよりも、接尾語（動詞の活用語尾）としての役割が強いので、人型ではなくマスコットキャラです。

「る／らる」と「す／さす」は対にしようと思っていましたので、「る／らる」が受け身→他の光を受けて光る→月のモチーフ。「す／さす」が使役→自ら光を発する→太陽のモチーフです。

未然形
騒がしくて闇を抱えたひょうきん者
浮気性でメンヘラ、めんどくせー男。未確定、可能性、未来というぬるま湯に浸かって、なにもしない。そんな自分を可哀想で可愛い、と思っている。誰かに影響されて、ころころと立場を変える。
・一人称……オレ
・身長……182㎝
・好きな食べ物……ソーダとバニラのアイス

未然形

ゼミ生からの歪んだ愛情を一身に受けているのがこの活用形です。斜に構えたこの活用形と斜に構えたゼミの雰囲気がピッタリ合ったのだろうと思います。同族は嫌悪しながらも惹かれ合うものですね。ちなみに身長は182センチだと先輩から伺っています。これは未然形の「未」の字を解体してでてくる「1八二」にちなむそうです。

未然形のテーマカラーは寒色系。接続する助動詞たちも、基本はブルーを中心に配色・デザインしています。

- **病気みたいな色白**　もはや蒼白です。不自然なほどまで真っ白な肌をしています。活用形の中では一番白い、むっちゃんと同じ色をしています。未然形の影色には青系を使用することが多く、血色感を出さないようにしています。
- **アホ毛**　自我を持つアホ毛。躁鬱な未然形の感情を繊細に表現します。未然形と終止形にアホ毛があるのは、「固まってなくて素材に近いという点で共通しているから」という理由をあとから付け足しました。
- **電源コード**　未然形は何かしらが下接しないと文が終わらないので、何かしらを接続するためのコードだったらしいのですが、本人は「ええ～？　今ドキ有線なの～？　遅れてる～！」って言いそう。電子感を醸し出すための飾りです。
- **スケート靴**　不安定な感じ、足元覚束ない感じを表現したかったのでスケート靴を採用しました。ローラースケートでもよかったのですが、水属性な印象にしたかったのでとりあえずスケート靴。気になるあの子のもとに光の速度で駆けつけます。

連用形
王道メガネ系ゴリラ
言葉の世界の秩序を守る、赤き守護者。他者のためならば自らの喜びすら切り捨てる、「覚悟」の人。普通に笑ったり遊んだりするはずなのに、あまりその姿を見かけることがない。
・一人称……私
・身長……180㎝
・好きな食べ物……焼き魚

連用形

ゼミ生に已然形派が多い中で、この主人公枠は圧倒的に人気がないです。理由は単純、「面白くない」です。語れることがあんまりないだとか、研究し甲斐がないだとか、もう散々な言われよう。最もしっかりもので働き者で頑張っているはずなのに……！

文系でメガネでマッチョなのに！

結局、この団体には連用形に共感できる人がいなかった、というのが大きいだろうと思います。それを裏づける事実として、他ゼミで唯一「連用形が好きです！」と言ってくれた方がいました。もっと評価されて然るべきこの活用形。メガネキャラ筆頭としてこれからも頑張ってほしいところです。

- **七三分け**　かっちりかちかちの前髪です。彼は毎朝しっかりスタイリングするタイプでしょう。歴史以外興味ないみたいな顔しているくせに、身だしなみとかすごく気にしそうですよね。
- **メガネ**　かっちりかちかちのメガネです。もはや説明するまでもありません。おそらく老眼鏡みたいな感じではないでしょうか。
- **着物**　暖色系コンセプトですので、暖色筆頭、羽織も情熱の赤です。着物だとボディラインがあまり出ないので分かりづらいですが、下はムキムキです。かたいよ。

未然形と連用形

未然形は非現実、連用形は現実、って言いつつも、かっちりしっかりとした連用形よりもダラダラしている未然形の方がなんとなく人間味があるのは何なんだろう、と思っています。

終止形

混沌世界に生きる本心の見えない少年

中身のない、空っぽの器。終止形らしき自我が宿っていることもあるが、記憶がねじれている。まともに会話ができる場合、終止形の器に宿った連体形である可能性が高い。

- 一人称……ボク（または僕）
- 身長……110㎝
- 好きな食べ物……わからない

終止形

この子のことを考えると頭と腹が痛くなります。

この子のどこがそんなにストレスフルかと言いますと、「意味が無い」という部分です。前述の未然形、連用形とかはまだいいんです。だって自分が表す意味がしっかりしていますから（未然形に関しては議論の余地ありますけども）。こういう奴だってのがはっきりしているので。でも「意味が無い」ってのは困ります。「今日の夕飯何がいい？」って聞いても、「うーん、なんでもいいよ！」って言うんです。迷惑でしょうが！　こちとら何にするか悩んでるっていうのに！　答えが返ってこない！　でも実際、終止形はそんな奴です。そして終止形接続の奴らもそういう奴らです（巻き込み事故）。

ゼミ内では未然形と同じくらい、この子を拗らせた人が多いのも事実です、なぜならゼミ教員が一番拗らせ……ゴホゴホ。そして学問としてやってて面白いのも事実です。

もしこれから先生の授業で終止形の話を聞く機会があったら、宇宙のロマンとか壮大な神話とかを聞くつもりで受けてください。そうすればあなたもこの小さな悪魔の魅力に取りつかれてしまうはず。

- **白い服**　白い服で純白です。無色を表しています。
- **アルビノ**　目が赤いのはアルビノだからです。衣装全体のモノクロの色彩の中でかなり目立つ眼光をしていますね。
- **白いローファー**　このローファーに関しては、ver.1.0時点で先輩方が強いこだわりを持っていたという話をしっかり継承しました。靴は絶対白なのが良い、ということだったかと思います。
- **襟、短パン**　襟と袖口、短パンは黒です。差し色の黒は、衣装のメリハリ的にも必要だったので。

連体形
「人間ってこうですよね」という行動を取る
人外疑惑お兄さん
終止形の記憶を管理するアンドロイドで、その自我はかつての終止形のもの。記憶の数が増えてしまい、バックアップに手間取っている。意味を持たずに生き続けることは、もはや不可能だ。
・一人称……僕（またはボク）
・身長……168㎝
・好きな食べ物……なし

連体形

終止形と同じくお腹痛い枠です。この子の話をするのはとってもお腹にきます。あなたたちは何度私たちの目の前に立ちはだかってくるというのか。

もともとは終止形のもう一つの用法として確立したのが連体形だった、はずなのですが、やれ擬喚述法だのやれ係り結びが面倒だので拗れていき、最終的には連体形で文章が終わる「連体終止」が主流になり文法規則が崩壊、よくわからないけれど終止形と連体形で同じ形が二つあるよ、という現代語の文法に落ち着いたのです。擬喚述法というのは、体言止め、ってどこかで習ったかと思いますが、あれの連体形バージョンです。要は名詞っぽくして終わることですが……これがもう、超苦しませてくるんです。ええ。ああもう。

- **メカクレ**　実は前から見ると「の」の字に見えます。これは分かりやすい連体格の「の」。これはどう足掻いても連体形にしか見えませんね。
- **白衣**　白衣というのは本来、中に着ている自分の服を汚さないために着るものですが、連体形が着ている白衣には汚れ一つ付いていません。終止形の頃の潔白を守る決意。
- **スーツ**　かっちり！　かちかち！　体言（名詞）化するということはつまり活用しない、凝固するイメージなので。クールビズは適用外です。

●コ話

終止形―微笑む白い悪魔、あるいは黒い天使

終止形と連体形はキャラクターとして設定を詰めるとき、最も難航した……というより、している活用形です。難産とかいう騒ぎではない。終止と連体は擬人化しちゃいけなかったんじゃね？　と思うぐらい。

終止形は「辞書形（原形、見出し語としての形）」つまり動詞そのもののプレーンなものですが、擬人化するにあたっては「まだ何にもなってない状態」と解釈して、永遠の少年として造形しました。が、それはつまり「これからずっと何者にもなっていけない」ということでもあります。

……それって、人間として終わってんじゃないの？　成長しないということはつまり、勉強もしない、食べ物も食べない、仕事にも就かない……、ということなのでは？　文字どおり、子どもの姿のままで「終止」した存在を、ストーリーに組み込むことは可能なのか？……と考えたときに、あ無理だなコレ、と思ったのです。

無色は無職らしく引きこもっているのが当然と言えば当然です。が、終止形はただのニートにするには惜しすぎる性質を持っていました。終止は無職のまで「完成」しているのです。「まうし」のように、外に出たくないニートとは違うのです。無職という職を全うしているのが終止です。だから、「無色であろうとする」姿を描きたかった。誰かと話すだけで自分が変わってしまう可能性を心のどこかで憂慮しながらも、今を「生きる」ことを諦めない、そんな子どもであってほしい。それが私の思い描いた終止形でした。

でもそうしたらそうしたで、どんな話にしたらええねん、という問題は付き纏い続けるんですけどね。扱いづらさぶっちぎりの終止形をどうぞよろしく。

●コ話

連体形

この活用形に関しては、設定が二転三転しているのをお詫びしなければいけません。当初は終止形の成長した姿として設定されたデザインでしたが、終止形の後に連体形ができたわけではありません。ではどうしたかといいますと、こいつの中身は終止形ということにしてしまいました。

連体形は、終止形が製作したアンドロイドです。終止形の記憶を連体形の記憶領域にバックアップして、そのすべてを保存しています。また、リアルタイムに終止形のデータを覗き、成長・変化しそうな兆しがあったらその時点で記憶をすべてバックアップ、そして終止形の記憶をリセット、からの再起動。そうすることで、終止形の成長を妨げ、「変化しない」という性質を保っています。……ってことは終止形もアンドロイドってことです。

そして連体形自身の自我というのは、そうした終止形の記憶を反映して生成されたものになります。つまり「連体形（＝かつての終止形）の自我って200種類あんねん」状態なのです。設定が二転三転したというのは、作品によって、終止形よりも表情が豊かだと書いてあったり、かと思うと本編ではアンドロイド然として表情が死んでいたり、なんかもうキャラがブレブレだったので、こいつらどうしてやろうか、という部分です。「200種類あんねん」設定を付け足したことでなんとか辻褄を合わせたところです。でもこれによって「連体形≒終止形」という部分しか踏襲できてないの非効率すぎる。ver.3.0でなんかもっとこううまいことやってくれないかなあ。

追記：私がゲームをやりすぎて、実はアンドロイドだとか身体と心は別のものとか記憶のバックアップとか、そういうのに慣れてしまったからこうした設定に違和感を覚えないのかもしれない。勘のいい方はゲームの名前も当ててしまうかもしれない。

已然形
不憫系無口小説家
連用形の血を分けた兄弟。あまり使われることがなく、人から忘れられがち。卑屈で自虐的、文章も悲観的だが、いざ自分が滅びるとなると生き延びようと本気で足掻く。
・一人称……私
・身長……173㎝
・好きな食べ物……味噌田楽

已然形

うちのゼミで噂の彼。ご覧のとおりいろんな方面でなにかと不遇な、「かわいそ可愛い」枠です。

　もともとこの子は連用形のサブ的な使い方をしてたものであり、第二連用形から已然形へと役目を変えて残ったものの、高校生にとっては空気な存在に成り果てています。係り結びとかでしか触れない上に現代にない（仮定形って言われますよね）ので、ただ覚えるものが増えただけ。ですので、已然形について教えろと言われたときに「eの音で終わるやつ」で終わっちゃうんです。実は連用形のようなもの、なんて言い始めたって仕方ない。だって動詞の活用形なんて、文法の一番最初に扱うんですよ？　超入門ですよ？　そんな時にこんな話したって……ね？

　そんな「実は連用形でした」感を伝えるために、昔っぽい格好をしています。大正ロマンですね。色相も、暖色系統一で黄色です。

- **黄色の短髪**　金髪だとヤンキー感があります。実際に元ヤン設定があったのですが、ほぼ死に設定です。
- **目**　目つきが悪いです。これはこれで好きな人がいるかなあ……と。
- **黄色の着物**　ビタミンカラーです。ごっつ目立つ。文明開化ということで中にはシャツを着ています。あの時代の文化いいとこどりな感じ、とっても好き。
- **書物**　書生としての仕事をしているので、売れない作家的な立ち位置で古い文庫本を手にしています。
- **ブーツ**　モダンといえば袴にブーツでしょう。已然形あまり出歩かなさそうですけど、家では足袋でも履いてるんでしょうかね。

命令形
裏がありそうで特にない可能性の塊お兄さん
明朗快活な青年で、連用形の影の姿。完璧超人の連用形の、今より良くありたいという意識が形を成したもの。どのようなタイミングで顕現できるのかは自分も分からない。
・一人称……私
・身長……180cm
・好きな食べ物……刺身

命令形

ご覧のとおり、どこからどう見ても命令形です（やっつけ）。髪の毛の長い男の子ってなんか描いちゃう。命令形は連用形の別人格ですので、連用形と命令形が同じ時間・同じ空間に存在することはない、という設定があります。性格は連用形よりも明朗快活で、端的に言えば声のデカい陽キャです。よく笑い、よくヘコみます。姿形は全くの別物ですが、実は目と眉の形は同じだったりします。んなもん気づきません。

- **ロングヘア**　紫髪にピンクのメッシュという色合いが決まるまでにも相当時間がかかりました。黒髪に赤メッシュという、バンドマンみたいな案もありましたが、軍服の色味と合わなくて渋々断念。
- **軍服**　命令する人物といえば、軍の将校さん……ということでしょう。性癖？　そうかもしれません。いえ多分そうです。
- **ロングブーツ**　軍服に合わせるためのアイテムです。本人はブーツではなく「長靴」だとか呼んでいるかもしれない。

擬人化について、顧問教員から補足という名の蛇足

筆者の覚えている限りで、学生たちが考えていた全体像、また印象深かった（あるいはたまたま覚えている）断片をほんの少し、補足しておこう。

まず活用形（男子）については、未然形と連用形を対極に置く。色彩の面でも、衣装の面でも隔たりを大きくする。終止形は基本として最も無色なものに。それが少し育ったのが連体形。已然形はデザイン的に連用形と連続させつつも不遇な感じで。

助動詞（女子）に関しては、未然形接続と連用形接続のグループは、それぞれ未然形（男子）、連用形（男子）とデザイン上の連続性を持たせる。前者は未来・非現実っぽい変わった衣装、寒色系。後者は、過去・現実っぽい和装、暖色系。終止形接続のグループに関しては、未然形接続・連用形接続の両グループのデザインの中間として服装を「改造和装」にする一方で、終止形（男子）の「無色・まっしろ」というコンセプトとの連続性は持たせない。

個別の助動詞としては、完了の助動詞群は「完了＝ぶったぎる」というイメージから武器持ちキャラに統一。「つ」「ぬ」は刀、「たり」「り」は存続の意味があるから持続性のあるガトリングガンで。「つ」「ぬ」は似たようなものだが、「つ」の方が意志的・動作的という傾向からより快活なデザインに。また、「つ」「ぬ」は「む」と仲良しで、「む」を見つけると刀を手放して「む」にくっつくことで強意の「てむ」「なむ」を表現、断定「なり」と伝聞「なり」はきつねとたぬきで、断定の方は本当に化けられる、伝聞の方はたぬきのコスプレ…などなど。学生に語らせてみたら偏愛がこもりすぎ、伝わりにくくなってしまったような気がして、このページで全体像を加筆しようかとも思ったが、もとよりわかりにくさを是としてあさっての方向に飛び立ったのだから、そのままにおこうと思う。

第3章　擬人化キャラクターを利用した展開──漫画で学ぶ活用形

ＰａｒｔⅡではここまで、学生側からの出力として擬人化キャラクターを紹介した。キャラクターデザインが出来上がると、その先、作ったキャラクターを動かしてみたいと思うのが自然な流れ。ｖｅｒ．1.0のデザインが上がって以来、キャラクターを用いた小説やら、カードゲームやら、さまざまな形式での創作が展開された。その中でも幾度となく試みられたのが、漫画化である。

ここでは本書最後のコンテンツとして、２０２１年度学園祭にて公開した、助動詞と活用形の関係を示す漫画を紹介しよう。それらを語るキャラクターは、擬人化された助動詞や活用形たち自身。キャラクターデザインは、ｖｅｒ．2.0以前の時期であったためｖｅｒ．1.0に準拠しており、本書で紹介したものと多少異なる部分もあるが、助動詞や活用形が、自分自身のことを語るという何ともマニアックな形式の漫画になっている。内容は本書ＰａｒｔⅠを骨子としており、それはつまり筆者が授業で話してきたことを、学生なりの理解と形式で伝えようとした成果である。ここＰａｒｔⅡで紹介してきたことは、教員が授業で語っている内容、ＰａｒｔⅠを入力とした、学生からの出力である。ＰａｒｔⅠ（**第2章**）における助動詞の個別論がＰａｒｔⅡでの各種キャラクターに結実したとするならば、ＰａｒｔⅠ（**第1章**）での活用形に関する総論的な部分が、以下に紹介する漫画の形で表現されたという関係になる。

この漫画が描かれた経緯を思い出してみると、学生が「これ、学園祭に出したい」と自発的に描いてきた、いわば持ち込み原稿であった。筆者の手元に届いた時点で、コマ割り、話の展開、台詞の内容とも、今回掲載したものとほぼ変わらない状態になっており、その熱量に押され、「擬人化デザイン全部、ｖｅｒ．2.0にする気あるか？」と、その学生に持ち掛けてみたのをよく覚えている。そう伝えたら、「やっていいんですか⁉」とすぐ食いついたことも。これが論文やレポートの類なら決してこのような爽やかな返答は返ってこない。しかし、こうして描かれた漫画を読んでみると、研究者が思わずくすっとするような小ネタに至るまで、思っていた以上に学生の理解が深いことに驚く。慣れない論述スタイルの文章や正確な記述、直線的な図表と数値、つまりはそういったものが学生の研究を少なからず妨げているのかもしれない。もちろん、大学で研究として行うのであれば、そういった形式にのっとっていなければならないのは当然であるし、そのようなリテラシーを身につけること自体が、大学における学びである。だが、研究というあり方だけが学びのすべてではない。研究者以外にも、アマチュア発掘家や恐竜図鑑を愛読するこどもまで、恐竜との関わり方が様々あるように、文法を考えるということにも様々なあり方があってよいのではないだろうか。ちゃんとした論文の体裁をとっていなければ価値がないというわけではない。むしろ文字でなく絵だからこそそのイメージの広がり。そして厳格なまでの正確さから解放されたからこそその伝わりやすさ。四苦八苦しながらＰ ａｒｔⅠをどうにか書き上げてＰａｒｔⅡを見ると、そこにはうらやましいほどの自由さと新しい世界があった。

そして、ひとたび研究のまじめさの呪縛を解かれて自由になると、レポートや論文ではついぞ見たこともない、独創性も生まれるものらしい。擬人化キャラクターにしても、漫画にしても、その造形には学生ごとの解釈・理解の違いが個性として表れる。自分が言ったはずの内容であるにもかかわらず、伝え方、伝わり方はかくも違うものか、と思う。そしてときに、その世界の見え方までもが、どことなく違う。長らく語り継がれてきた言葉を、いま、たまたま筆者が誰かに伝え、その誰かがまだ次の誰かに伝えていく。その方法は、決まった正解があるわけでも、守らなければならない規則があるわけでもなく、その人のやり方と、その人の考えでなされるものである。文法を考え、文法を語ることは、本来そのような自由の中に在るものだと思っている。

ちょっ
閉店のお知らせ
長い間の皆様のご愛顧
誠に有難う
御座いました。
ちょい
ちょぉーい！
おや
どしたの
いきなり
閉店だ
なんて！
まだ仕込み中です
それどころ
じゃないよ
相談もして
くれなかったじゃん！
活用
未然形

うちの経営不振は今に始まったことじゃありません お察しでしたでしょうが
このところお客様は未然さんと連用さんくらいのものでしたし
未然形接続 打消「ず」
えーやだやだ辞めちゃヤダ‼
Boo。
いい年した活用形が駄々っ子ですか恥ずかしいですよ
だって閉店したら打消ちゃんのメイド服見らんなくなるじゃん
は？
これは機能性と美しさを追求した由緒正しい古き良き働く女性のための仕事着です‼
そもそもうちはメイド喫茶ではありませんし貴方の趣味なんぞ知ったことでは
ぐぎぎぎぎ
ぐほぅあギブギブギブ 首だけはマジ勘弁 分かった分かったから
……私だって
…？

——私だって 辞めたくて辞めるわけじゃ ありません
…… 打消ちゃ
でも 無理なんです
もう使わなくなったことばに 親しみを持ってもらうなんて
同じ日本語とて 今を生きる人々に とっては 私達は最早 他国の言語です
私たちを道具として 生かしてくれる人は もうこの世界に いないんです
だからもう 諦めるしかない
どんな奇跡が 起こっても
私たちが再び 息を吹き返すことは ありません

私たちはもう
とっくの昔に
死んだのだから
そんな
…
そんなこと
言わないでよ
俺
打消ちゃんの
そんな顔
見たくないよ
大丈夫
生き返ることは
ないとしても
俺達の魅力を
知ってもらう
ことは出来る
俺もなんとか
するからさ
…
全く
…本気でそんな事
言ってるんですか
もし本当に
実現する覚悟が
あるのなら
未然さんにも
お願い
しましょうか

古典の勉ky
すん
…えっ
ちょっと‼ 違うじゃん！
何がですか
魅力を伝えるって勉強とかそういうのと違うじゃんもっと
実際に過去の我々を知ってもらうことが最も魅力を伝えられる手段でしょう
過去を振り返るって一番嫌いだし俺は未来に生きていたいわけよ
それに過去ってなんか連用っぽくてヤダ
はい それ
？ どれ

なぜ連用さんは過去っぽくて
未然さんは未来っぽいのでしょう
昔からずっと
幼い姿の終止さんと
そのお兄さんの
連体さんは？
已然さんはどうして
連用さんに似ているのか？
彼らと行動を共にする
助動詞たちの性質は——
…と問われたとき
説明出来ますか？
あれ？
なんでだっけ
そ…それは
そう生まれたからと
いうか…
そう
生きていた頃…
「ことば」として
使われていた頃の
私たちは
思い出す必要がある
私たちの
本当の姿を

さあ
カ
チャン
仕込みが終わりましたよ
未然さん
あなたの
キライな
長い長い
思い出話を
しましょうか

昔の俺たち…？
なんて
覚えてないよ
1000年
以上
前だよ
当然です
そのために
ゲストをお呼びしました
ゲ
やなよかん
何を仰いますか
生きる化石と
呼ばれる方ですよ
え
心当たり
ないんだけど
ガチャ
いらっしゃいませ

や
どうも
お待たせしまして
?!
オオサンショウウオのはじかみ先生です
気軽にはじー先生と
ちょっちょっと
どういうことなの
両生類系はお嫌でしたかね
そういうことじゃない

では
まずは「未然形」と「連用形」の対立についてお話しましょう
対立？俺と連用の仲が悪いの知ってたの？
ええ このお二人は未来に代表されるような不確定要素を含めた「非現実」を表す未然形と
過去に代表されるような既に確定した要素である「現実」を表す連用形
といったように両極端です
REN'YO
VS
MIZEN

未然形接続の助動詞を例に挙げると
打消「ず」――雨降らず（雨が降らない）
推量「む」――花咲かむ（花が咲くだろう）
このように
現実ではないことを表すのが未然形
対する連用形接続の助動詞は
完了「つ」――手紙を書きつ（手紙を書いた）
完了「ぬ」――花咲きぬ（花が咲いた）
過去「けり」――男ありけり（男がいた）
見ての通り
実際に「起こった」出来事を表しています
あ
ぬけがら
…
タバスコ
まあまあまあ打消さん
ここは穏便に
未然さんはハンサムですし
あちらの席にいらっしゃる
方々とも
すぐに仲良く
なれるのでしょうね
あの方々にも私の話
きいて欲しいなー
おっけまる！
すぐお持ち帰り
してくるしー！
な……
なに？

…まあ最初から結果は分かってましたけど
面白いように当たって砕けましたね
いやはや本当に相性が悪い
はじーのやつ分かってやったな
なんでさ
連用形接続 完了「つ」
だってちゃんと最後まで言い切らないんだもんね ぬい
もっとはっきりものを言わないと信用できないよね つー
連用形接続 完了「ぬ」
なんで?! 接続が違うだけじゃん なんでこんなに嫌われなきゃいけないの!?
つか! 接続ってなんだ!!
接続が違うということは性格が全く違うということですからね
ましさんの即リプ
じゃあ俺嫌われるタイプなの？
あ～ また炎上しそうなつぶやきを…
単に連用形接続の助動詞とは馬が合わないというだけだろう
!
先程から騒がしいな

活用
連用形
未来に生きるとはいえ お前もそろそろ学習し給え
連用形接続
過去「けり」
先ほどは突っぱねて 御免なさいね 連用形は既に確定した 事象を表しますから
接続する助動詞も 性格のきっぱりとした方を 好むのです ふふふ
連用だけ帰れ
どうぞ どうぞ お席こちらに ご用意しますね
打消ちゃん
今日一の 笑顔じゃん
連用はちゃんと 約束守るし
未然みたいな 曖昧な言い方 しないもんね
ピ
シィ…
嘘ぉ… 俺そんな 無責任だった…?
まあ言い切りは できませんよね
連用形は 文を区切るという点では 一人でも成り立ちますが
連用形 山に登り、……(続く
未然形 山に登ら……(言い切れない)
未然形だけでは 文を終わらせ られませんからね
未然さん ぼっち耐性も ないのでは?
うぐっ…!

常に誰かと一緒じゃないと何も出来ない助動詞依存症なのが未然
だから接続も構わず声かけてフラれ続けてるんだな
フラれたとしても過去は顧みないしなんだったら非現実の世界に行くからな
浮気性なんだな…
ちょっと待って誰もフォローしてくれる人いないの??
…ん?! っていうか
あれっ
むっちゃんさんじゃん!
やぁ 久しいね 未然
未然形接続 推量「む」
一体いつから…というかなんで完了の助動詞と一緒に…?
強意ーっ!!
まぁなんだ…馴染みというか…悪い子たちじゃない責めないでやってくれ
渡さない…!!
そそう…?
※確述+推量「てむ」と「なむ」

未然形
接続する助動詞は「非現実」を表す
打消「ず」
推量・意志「む」
反実仮想「まし」
願望「まほし」
…など
POTATO
なに買おうかな
連用形
接続する助動詞は「現実」を表す
完了「つ」「ぬ」
過去「き」「けり」
存続「たり」
家計簿
未然さんは助詞や助動詞がなければ成立しないのに対し
外に行か……
(絶命)
買い物…
あー…
やっぱいいか
めんどいし
連用さん一人では文章をばっさり切ることができる
外に行き、
珈琲を飲みけり。
これを『連用中止法』といいます
文章が途中で切れていれば連用形だと思って良いでしょう

と…いうわけで未然形と連用形は正反対…つまり**ケンカップル**ということで話がまとまりました
ボコスカ
あーうんいや… まあそこら辺の解釈は若い方にお任せします
対立関係ともなれば喧嘩が絶えないのは致し方ないでしょう
いけません!!
ドーン
ケンカなんて!!
さあ二人とも！おててをつないでなかなおりしてください！
スミマセン
お次は終止形と連体形についてお話しましょうか
おおう…これはまた厄介そうな…

終止形と連体形
このお二人には未然形、連用形ほどの対立関係はありません
終止形
連体形
そうだよっぼくたちはきょうだいだからね！
…ん
終止先輩…って何者？
現実？非現実？
ぼく……？ぼくはね～「うごきの名まえ」かな！
きほん的にはなんにもしないよ！それでね連体おにいちゃんはぼくのうごきをかっちり固めちゃうの！
「の」
の！
なんにもしないのか…なんにもしないとそんなお姉さんたちに囲まれるわけ…？
む。
未然だって助動詞たくさん連れている
あまり終止に変な事を吹き込まないで
？
うわ連体普通に喋れんの…

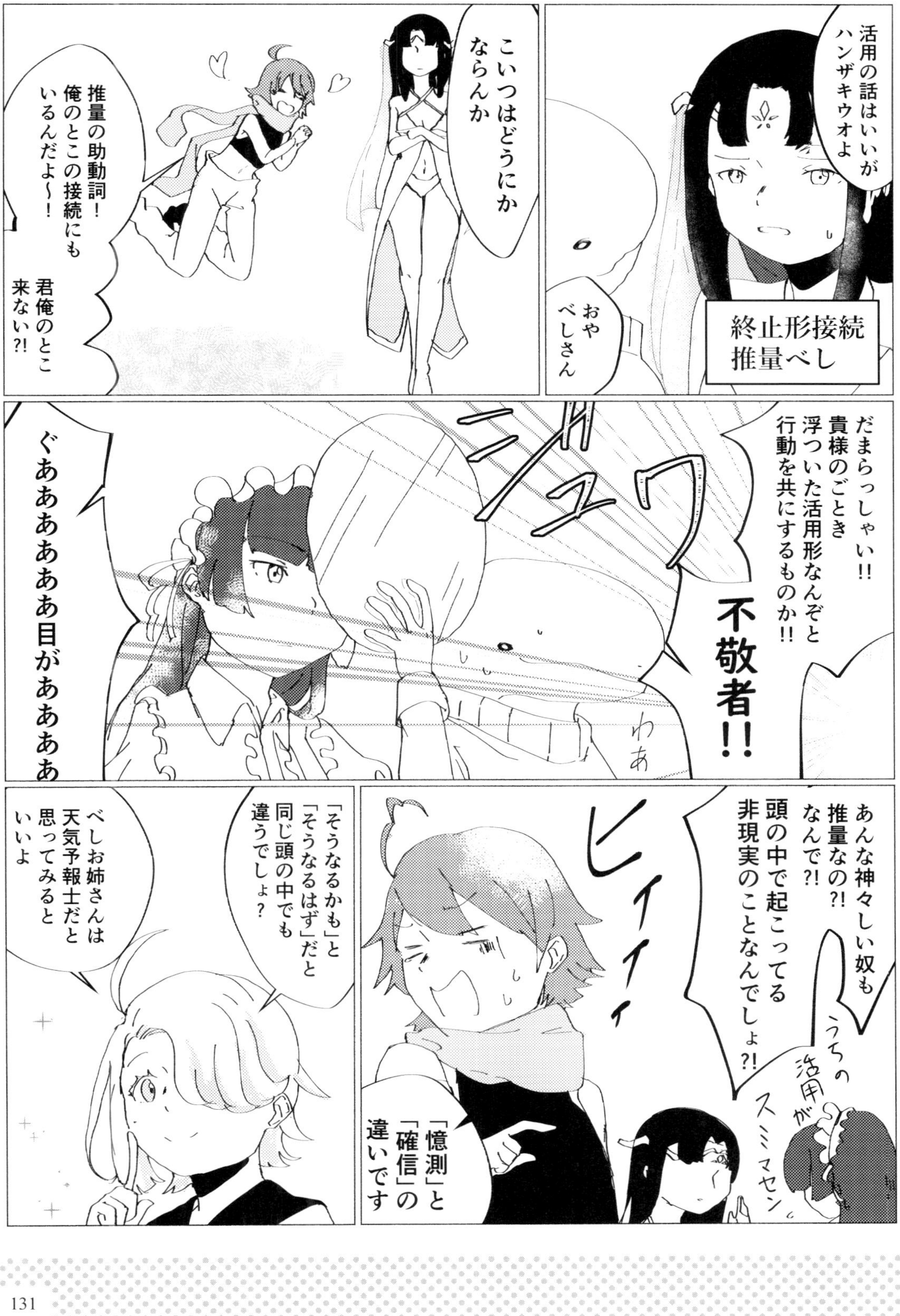
活用の話はいいが
ハンザキウオよ
終止形接続
推量べし
おや
べしさん
こいつはどうにか
ならんか
推量の助動詞！
俺のとこの接続にも
いるんだよ〜！
君俺のとこ
来ない?!
だまらっしゃい!!
貴様のごとき
浮ついた活用形なんぞと
行動を共にするものか!!
ジュワ
不敬者!!
わあ
ぐああああああ目があああああ
あんな神々しい奴も
推量なの?!
なんで?!
頭の中で起こってる
非現実のことなんでしょ?!
ヒィィィ
うちの活用がスミマセン
「憶測」と
「確信」の
違いです
「そうなるかも」と
「そうなるはず」だと
同じ頭の中でも
違うでしょ？
べしお姉さんは
天気予報士だと
思ってみると
いいよ

明日の天気
べしの言うところの推量は一個人の脳内で完結するだけの話に留まらないのです
絶対真理とでも言える動かしがたい「確かさ」があります
未然形よりは連用形の確かさに近いでしょうね
終止形接続の助動詞は現実とも、非現実とも言い切れない
未然形でも連用形でもすんなり言い表せない中間地点を担っているのです
ねえ終止お父さんお父さんのとこの接続ってみんなあんな神様みたいなのばっかり？
まじ姉
カミサマっぽいのはべしお姉さんとまじお姉さん
あとはそんなにカミサマじゃないかな
あたしたちみたいな変な助動詞って結局ここに来るしかないんだよねぇ
せやナぁ
変な助動詞…
終止形接続
伝聞なり
終止形接続
推定めり

じゃあ連体形は…?
しぱしぱ
あえて終止形との対立として語るなら
終止形の作る「主語」と「述語」の順番が反対になるということでしょうね
「連体修飾」という言葉は知っているか?
知らん
知れ
終止形に情報を付け足すのが連体形の仕事だ
「踊る」—「かつおぶし」
「眠る」—「猫」
とかな これが連体修飾
連体形接続
断定なり
この「踊る」—「かつおぶし」という文章ですが
終止形なら「かつおぶしが踊る」です
連体形はそこをひっくりかえしています
終止形が「主語」—「述語」で表現するようなところを
連体形は「述語」—「主語」の順番にしていますね
【終止形】
「かつおぶし」—「踊る」
「猫」—「眠る」
【連体形】
「踊る」—「かつおぶし」
「眠る」—「猫」

「たぬきがそばを食べるのを見かけた」
この「の」によって前述の「たぬき」の動作を名詞化しています
連体形接続の断定「なり」さんが行うのはこの作業と同じものです
ハッ
関西だし
古典語の「〜なり」を現代語訳すると「〜だ」になると思ってください
犬なり→犬だ
走るなり→走る「の」だ
このように現代語訳した際に「の」が入るのが連体形の性質です
この「の」の役割は動詞を名詞として「固める」ことなのです
あ〜〜〜!! なんか連体形の髪型どっかで見たことあると思った！
『の』の字じゃない?!
分かっちゃった！
うん
意識、している…
おお〜さすがはガン見のめりたぞ！
その二つ名いやだ!!
いや…ありゃ別にガン見の「めり」じゃなくても分か
うどん派のナリは黙っておれ
ゴス
そば派のナリに言われる筋合いはない
……改めて考えるとここは変な助動詞が多いんだな……
それべしさんが言っちゃいますか
一応あなたもそのうちの一人なんですよ

ここまで駆け足で活用形を紹介してきましたがいかがでしたか
慣れというのは恐ろしいもので助動詞や活用形に「さん」付けをしても違和感がなくなっていることにも気がつかないのですよ
あれ?
もう二人くらいいたくない? ほらあの…
已然形と命令形ってやつ
ギク
あちゃー
えっ なにその反応
未然さんともあろうものがそこに気がつくなんて
ハァ…
馬鹿にしすぎじゃない?!
一応当事者だよ?!
そのお二方は…なんというか…
あまり話すことがないというか…

【已然形】…根っこが「連用形」の、助詞に接続するための活用

【命令形】…ほぼ「連用形」

………。
大方これで已然形と命令形は説明がついてしまうんだ
ちなみに私の羊モチーフは「迷える子羊」からきているぞ
「迷える」というのは可能ってことじゃなくて「迷ってる」ってことだ
え？ 紛らわしい？ まあそこはうちら飾りみたいなものだから！
みんなも已然形使っていつもの文章を華やかに！
今日はガトリングを持ってこなかったので「マシンガントーク」でやってやったぞ!!
已然形
已然形接続
存続り
以上！
一言も喋らない已然形に代わり存続の「り」がお送りしました！

でも楽しかったね！未然もそう思うでしょ？
いや…俺はどうかな～…まあでも
余計な知識を身につけるのもたまには必要になったりして
…
その通り!!
命令形
うるさ
実生活で使わない知識であれ勉学は人を豊かにする！
重要なのは何を学ぶかではなく学んだ後に何が残ったか！
さ！
俺この活用嫌いだわ
でしょうね…
実質は連用さんですし

で
一体どのような勉強だったのだ
我にも聞かせてみたまえ
はあ?!
俺が?!
あ！ それぼくも
ききた～い！
連体おにいちゃんも
きくでしょ?!
うん
うげえ～…
どうやらまだ
コーヒーのおかわりが
必要なようですよ
そのようですね…
それじゃあ
少しだけ
お湯を沸かし
なおしましょうか

おわりに

「数を数えて表を作るのが日本語学だと思っていました。」

講義でひとしきり語った後、学生からこんな感想が寄せられた時の、なんとも言えない気分をよく覚えている。日本語学でもデータに基づいた客観的・実証的研究が当然という時代になって、理論体系だけを語るような牧歌的な研究にお目にかかれなくなって久しい。かく言う私も、数を数えて表にする。それはそれで楽しくないわけではないのだが、学生の言葉にこもった閉塞感のようなものは、私の内側にも長年しみついている。

言葉について、言葉で理屈をこねる面白さ。言葉そのものに、壮大な世界を、宇宙を感じる、果てしなさ。相手がブラックボックスであることを前提にした「こう考えるとうまくいく」「こうかもしれない」という、自由で豊かな謎解き。暗記する道具でしかなかった活用形が、助動詞たちが、一つの世界を成しているかのように見えたときのワクワク感。学生時代の私にとってのワンダーランドは、片っ端から計数され表に切り出されて、気づけばすっかり色褪せてしまったようにも感じる。

研究と言うからには、「私にはこう見える」ではなく、数字やデータといった確さに立脚して、「万人にとってそうである」という客観性が求められる。その客観性を手っ取り早く担保する手法が、数を数えて表にするということなのだろう。それが悪いということではない。何事にもエビデンスや成果が求められる時代には当然の帰趨であろうし、計量研究には計量研究で、どのような切り口でデータを集め、それをどう評価し、関連づけるか、難しさと腕の見せどころは果てしなくある。ただどうしても寂しいのは、元々言葉の宇宙を解き明かす手段だったはずの数値化・データ化が、それ自身が言語研究の目的、あるいは研究そのものであるかのような顔をし出して、数値化され得ない、生身の言葉の世界がどこかに行ってしまったように感じられることである。私自身も含め、この分野に足を踏み入れる学生たちの素朴な関心・興味――「このコトバはどうしてこんな意味を表すんだろう」とか「これとあれとは意味が似てるけど、こういう時は似てないぞ」とか――は、もともと数を数えることにあったわけではない。

研究としては「言えないこと」「できないこと」。でもどうしても考えてみたいこと、伝えたい面白さ。行き場を失って沈殿していた興味は、ありがたいことに、教員になってからは講義という形で、研究とは少し違うところに居場所ができた。そのときどきに思いついたこと、気になっている文法事実などを、学生の反応を見ながら話して聞かせるうちに、徐々に自分の中でも考えが深まって育っていく。（全員とは言わないが、ときに）目を輝かせて聞いてくれる学生もいて、その中に、純粋に文法に興味を持った頃の自分の姿も見えるような気がしてくる。思えば学生時代の原体験も、先輩たちとたわいもない話をしながら「ああでもないこうでもない」と文法について雑談する中で考えが深まる楽しさにあったように思う。ゼミやプロジェクト科目を担当するようになってからは、今度は自分が教員の立場で学生と「ああでもないこうでもない」をやるようになり、（しばしば助動詞と活用形のカップリングの話になったりもしつつ）ゆるやかに学生たちと共有しながら、文法の世界を育てている――それが、今回本書として文字になったものである。

書いてみるとヒヤヒヤの連続だった。授業では話のノリと勢いで押し切ってきた部分が、文字にするとどうにもならない。授業なら1コマ90

分で一旦完結して、まあ誤魔化し切れるが、ページが続くとこれもままならない。授業でのわかりやすさと面白さ優先で簡単に飛び越えてすっきり説明していた話も、文字に固めるとなったら言い訳が増える。自分がいかにいい加減で、研究に向かない人間か、項目を書くごとに再確認することになった。それでもＰａｒｔⅠは可能な限り論理的整合性をもってまとめたつもりである。縷々述べてきたとおり、伝えたいことは新たな解釈でも精緻な体系論でもなく、とかく切り捨てられがちな「不確かであることの面白さ」である。そしてもう一つ、同じ興味を持って、誰かと思考を共有し議論することの楽しさも、内容として述べたこととは別に、おまけで伝われば幸いである。ＰａｒｔⅡという形で、私自身のものとも違う学生の世界観を示したのは、ただ「自由に考えていいんだよ」というだけではなく、相互に影響しあって考えが広がり深まっていく過程そのものが示せれば、という思いからでもある。学問研究が高度に専門化され、実証性を求められる現代ではどちらもなかなか経験しにくいことになってしまった。それでも「参考書があったら読みたい」と言ってくれる学生はいるので、少しは役に立つだろうか。

本書執筆の機会を与えてくださった昭和女子大学近代文化研究所、特に所長の烏谷知子先生に、あらためて深く感謝申し上げる。「研究」らしさからは程遠い私の話に活字化の機会をくださったこと、そして日頃、私の思いつきめいた無責任な話のキャッチボール相手になってくださったこと。先生には、純粋に言葉について考える面白さを思い出させていただいた。

それから、いつも助動詞で遊んでくれる学生たち。何年にもわたり私の話に付き合ってくれて、これを本にしたい、と思わせるまでに助動詞たちに息を吹き込んでくれた。見えない世界を可視化しようとする際、その可視化の仕方は数を数えるだけじゃない、もっと自由だよね、ということに気づかせてくれた。講義という形で文法を続ける道も示してくれた。自分が学生の頃はあんなに嫌だった学校に、毎朝ふんふん喜んで出かけていけるのは、諸君らのおかげである。

そして最後に、助動詞を始めとする、ことば。文法。「先生、なんで文法なんか好きなの？」と聞かれて「嫌いだよこんなもん」と答えるひねくれ者だが、それでも最近は……やっぱり嫌い、と言っておこう。

【主要参考文献】

本書PartⅡの大部分は学生作成の同人誌紙面、PartⅠは筆者が授業中に話していることの文字化である。そこには筆者がこれまで見聞きしてきた様々な方々の考えが流れ込んでいる。ここでは本書の考え方の主要な位置を占めるもの、および学生が擬人化キャラクターを作成するにあたって参考としたものを中心に掲げる。もとより筆者の理解が及ばないことに加え、研究論文としてでなく、授業の語りとしてのわかりやすさと話の面白さのため、意図的な粗雑化をも含んで変質してしまっている側面も多々あることをお断りしておくが、特に未然形接続の助動詞と連用形接続の助動詞が非現実と現実の語り分けをしているという、根本的な述語観、および助動詞「む」に関しては、大学時代、尾上圭介先生の講義を受講したことによるところが大きい。また、助動詞の接続という観点に限らず、活用形そのものについてのとらえ方、考え方に関しては、学生とともに川端善明氏『活用の研究』を読んだことが大きく影響している。

尾上圭介（二〇〇一）『文法と意味Ⅰ』くろしお出版
川端善明（一九七九）『活用の研究』大修館書店
川村大（一九九五）「ベシの諸用法の位置関係」『築島裕博士古稀記念 国語学論集』汲古書院
仁科明（一九九八）「見えないことの顕現と承認―「らし」の叙法的性格―」『国語学』第一九五集
仁科明（二〇一六）「上代の「らむ」：述語体系内の位置と用法」『国語と国文学』九三‐三
仁科明（二〇二〇）「中古の「らむ」―体系変化と用法―」『日本語文法史研究 5』ひつじ書房
森重敏（一九五九）『日本文法通論』風間書房
森重敏（一九七一）『日本文法の諸問題』笠間書院
山田孝雄（一九〇八）『日本文法論』宝文館
山田孝雄（一九三六）『日本文法学概論』宝文館

【使用コーパス】

国立国語研究所（二〇二四）『日本語歴史コーパス』（バージョン2024.3、中納言バージョン2.7.2）

https://clrd.ninjal.ac.jp/chj/（二〇二四年一一月一五日確認）

【全コ連】

ホームページ

全コ連（二〇一九）『1．5次元古文―全コ連の野望―』

https://zenkoren2.com/（二〇二四年一二月二九日確認）

PartⅡ収録コンテンツ　初出

漫画…「全コ連の陰謀」（二〇二一年度昭和女子大学学園祭（秋桜祭）配布冊子）

擬人化イラスト…「全コ連の暴虐」（二〇二二年度昭和女子大学学園祭（秋桜祭）配布冊子）

擬人化テーマソング…「全コ連の悪だくみ」（二〇二三年度昭和女子大学学園祭（秋桜祭）配布冊子）

擬人化解説文…「全コ連設定資料集2」（二〇二四年度昭和女子大学学園祭（秋桜祭）配布冊子）

紹介した文章・デザイン・コンセプトは以下の学生（卒業生）の手による。

- 擬人化ver．1.0デザイン　川島悠輝
- 擬人化ver．2.0デザイン　山田沙良
- 擬人化ver．2.0コンセプト　伊藤怜泉、菊地志歩、鈴木琴梨、山田沙良

著者略歴

須永 哲矢（すなが てつや）

昭和女子大学近代文化研究所所員研究員、昭和女子大学人間文化学部日本語日本文学科教授。

東京大学大学院人文社会系研究科博士課程単位取得退学。

専門分野は日本語学。文法論を中心にコーパス等、電子データを用いた研究のほか、古典に関する学校教育。

主な著書に『これならわかる図解日本語』（2008 東京書籍）、『コーパスで学ぶ日本語学　日本語の歴史』（2020 朝倉書店、共著）。


ISBN978-4-7862-0318-3　C3381　¥2000E

ブックレット 近代文化研究叢書 19

はじめまして、助動詞
――はてしなく深くて不確かな古典文法の世界

2025 年 3 月 14 日

定　価　本体価格 2,000 円＋税

擬人化イラスト・漫画　山田沙良

発行人　烏谷知子

発行所　昭和女子大学近代文化研究所
〒 154-8533 東京都世田谷区太子堂 1-7-57
Tel. 03-3411-5129　Fax. 03-3411-4520　Email kinbun-admi@swu.ac.jp

発売所　昭和女子大学出版会

編集・印刷製本　三秀舎